人民幣匯率
對跨境貿易人民幣結算的影響研究

楊碧琴 著

匯率是開放經濟的重要價格調節變量。
研究跨境貿易人民幣結算與人民幣匯率的內在關係，
對擴大人民幣的國際結算和計價功能至關重要。

序

在開放經濟中，匯率是最重要的價格調節器之一，人民幣匯率變動對推行跨境貿易人民幣結算具有重要影響。本書試圖通過系統深入的研究，厘清人民幣匯率變動影響跨境貿易人民幣結算的內在機制，本書的研究內容也圍繞這一研究目的展開。首先，根據當前學界和實務界混淆了人民幣在跨境貿易人民幣結算過程中所充當的國際貨幣職能這個客觀事實，本書開宗明義地界定了跨境貿易人民幣結算的概念；其次，本書對跨境貿易人民幣結算進行橫向和縱向比較，探尋貨幣匯率影響國際結算功能的一般性規律；再次，運用GARCH模型族和面板GRAVITY模型，本書論證了跨境貿易人民幣結算政策的必要性，在此基礎上評估目前跨境貿易人民幣結算是否取得了理想的政策效果，並根據實證結論分析其中的人民幣匯率因素。

本書主要得到以下五點研究結論：①一種貨幣的國際結算功能與其匯率變動聯繫緊密，匯率穩定是一種貨幣發揮國際結算功能的前提條件。②當前中國跨境貿易人民幣結算政策並未取得預期效果，其中人民幣匯率長期單邊升值、中國對外貿易結構不合理是重要原因。③跨境貿易人民幣結算需求主要是市場的真實需求，具有可持續性；套利投機需求也對跨境貿易人民幣結算起了一定的推動作用，但不是關鍵性力量。④當前中

國對外貿易結構總體上不利於跨境貿易人民幣結算深入發展，應著力於優化中國對外貿易結構、提高對外談判話語權。⑤建立市場化人民幣匯率製度，是跨境貿易人民幣結算健康發展的製度保障。

目 錄

1 導論 / 1

  1.1 選題背景 / 1

  1.2 選題意義 / 3

  1.3 研究方法 / 5

    1.3.1 實證分析與規範分析結合法 / 5

    1.3.2 定性研究與定量研究結合法 / 6

    1.3.3 文獻整理研究法 / 6

    1.3.4 比較研究法 / 7

  1.4 研究框架 / 7

  1.5 主要創新點與不足之處 / 9

    1.5.1 主要創新點 / 9

    1.5.2 不足之處 / 11

2 相關理論和文獻綜述 / 12

  2.1 影響西方國家對外貿易結算貨幣選擇的匯率因素研究 / 15

    2.1.1 經驗數據研究 / 15

2.1.2　廠商利潤最大化原則下的數理和實證分析 / 18

　　2.1.3　一般均衡框架下的數理和實證分析 / 19

2.2　中國對外貿易結算貨幣選擇的匯率因素研究 / 26

　　2.2.1　定性分析 / 27

　　2.2.2　實證分析 / 28

2.3　評論與啟示 / 34

　　2.3.1　評論 / 34

　　2.3.2　啟示 / 36

3　跨境貿易人民幣結算發展歷程及啟示 / 38

3.1　跨境貿易人民幣結算的定義 / 38

3.2　新中國成立以來跨境貿易人民幣結算發展歷程 / 40

　　3.2.1　試行人民幣計價結算階段：20世紀60年代末至20世紀70年代末 / 41

　　3.2.2　邊境貿易本幣結算階段：20世紀90年代初至今 / 43

　　3.2.3　貨幣互換協議中的人民幣結算階段：亞洲金融危機之後至今 / 47

　　3.2.4　積極穩妥、全面推進跨境貿易人民幣結算階段：2009年4月至今 / 50

3.3　中國跨境貿易人民幣結算發展歷程的啟示 / 52

　　3.3.1　不同時期的跨境貿易人民幣結算政策順應了當時的客觀經濟需要 / 52

　　3.3.2　跨境貿易人民幣結算和匯率存在互動關係 / 53

3.3.3 跨境貿易人民幣結算需要完善的配套措施提供製度保障 / 54

3.3.4 當前跨境貿易人民幣結算正迎來不可多得的歷史機遇 / 54

4 匯率變動對主要國際貨幣發揮國際結算功能的影響及啟示 / 56

4.1 英鎊 / 57

4.1.1 國際金本位制下英鎊匯率超穩定時期：1821—1914 年 / 57

4.1.2 金匯兌本位制下英鎊匯率被高估時期：1914—1925 年 / 58

4.1.3 英鎊區製度下英鎊相對穩定時期：1933—1944 年 / 60

4.1.4 布雷頓森林體系下英鎊貶值時期：1944 年至今 / 61

4.2 法國法郎 / 63

4.2.1 法郎區下法郎對內穩定對外貶值時期：1945—1970 年 / 63

4.2.2 布雷頓森林體系瓦解後法郎貶值時期：1970—1999 年 / 66

4.3 美元 / 69

4.3.1 金本位制下美元匯率超穩定時期：1804—1934 年 / 69

4.3.2　布雷頓森林體系下美元「紙黃金」時期：
　　　　　1936—1963 年 / 70
　　4.3.3　特里芬難題下美元貶值時期：
　　　　　1963 年至今 / 71
4.4　德國馬克 / 73
　　4.4.1　布雷頓森林體系解體後德國馬克升值時期：
　　　　　1971 年 6 月—1979 年 12 月 / 73
　　4.4.2　第二次石油危機下德國馬克貶值時期：
　　　　　1980 年 1 月—1985 年 3 月 / 75
　　4.4.3　《廣場協議》下德國馬克先升後穩時期：
　　　　　1985 年 10 月—1999 年 1 月 1 日 / 77
4.5　日元 / 79
　　4.5.1　美元危機下日元匯率先升後貶時期：
　　　　　20 世紀 60 年代末至 70 年代末 / 80
　　4.5.2　日元國際化戰略下日元持續升值時期：
　　　　　20 世紀 70 年代末至 1995 年 / 81
　　4.5.3　「失去的二十年」下日元匯率反覆波動時期：
　　　　　1995 年 4 月至今 / 84
4.6　歐元 / 86
　　4.6.1　歐元誕生之初的貶值時期：
　　　　　1999 年 1 月至 2000 年年底 / 87
　　4.6.2　歐元正式流通後歐元升值時期：
　　　　　2001 年初至 2008 年下半年 / 88

4.6.3 國際金融危機中歐元匯率頻繁波動時期：
　　　　2008年底至今 / 90
4.7 本章小結 / 92

5 人民幣匯率對跨境貿易人民幣結算政策效果的影響分析 / 95

5.1 跨境貿易人民幣結算的政策目標 / 95
5.2 中國外貿企業的匯率風險測量
　　——基於GARCH模型族的實證研究 / 97
　　5.2.1 人民幣實際匯率波動率序列的統計特徵 / 97
　　5.2.2 GARCH模型族實證分析 / 104
5.3 影響跨境貿易人民幣結算政策效果的匯率因素分析 / 107
　　5.3.1 計量模型 / 107
　　5.3.2 數據 / 110
　　5.3.3 各變量的描述性統計特徵和相關檢驗 / 113
　　5.3.4 參數估計 / 115
　　5.3.5 對估計結果的解釋 / 117
5.4 本章小結 / 122

6 人民幣長期單邊升值對跨境貿易人民幣結算的影響 / 123

6.1 人民幣升值的巴拉薩-薩繆爾森效應實證研究 / 124
　　6.1.1 理論模型 / 124

6.1.2　計量模型 / 127
　　6.1.3　模型估計結果分析 / 131
6.2　人民幣升值背景下的跨境貿易結算幣種選擇 / 132
　　6.2.1　人民幣升值對跨境貿易結算幣種選擇的影響 / 132
　　6.2.2　人民幣升值不同驅動力對跨境貿易人民幣結算的影響 / 136
6.3　在岸人民幣市場和離岸人民幣市場的套利投機 / 137
6.4　本章小結 / 141

7　中國對外貿易匯率敏感性及其對跨境貿易人民幣結算的影響 / 143

7.1　中國進出口商品結構及其匯率敏感性研究 / 143
　　7.1.1　進出口商品結構與匯率敏感性關係的理論推導模型 / 143
　　7.1.2　中國進出口商品結構及其匯率敏感性 / 146
7.2　中國對外貿易方式及其匯率敏感性研究 / 151
　　7.2.1　對外貿易方式結構與匯率敏感性關係的理論推導模型 / 152
　　7.2.2　中國對外貿易方式結構現狀及其匯率敏感性 / 153
7.3　中國進出口企業性質及其匯率管理能力 / 156
7.4　中國對外貿易匯率敏感性與跨境貿易結算幣種選擇 / 157

8 跨境貿易人民幣結算的匯率製度選擇 / 160

8.1 匯率製度分類及其選擇影響因素 / 160
8.1.1 匯率製度分類 / 160
8.1.2 匯率製度選擇的影響因素 / 163

8.2 匯率製度與跨境貿易結算製度的關係 / 168

8.3 跨境貿易人民幣結算的匯率製度選擇 / 169

參考文獻 / 173

附　錄 / 194
附錄 A　20 個試點地區前 15 大對外貿易夥伴所占份額 / 194
附錄 B　2004—2012 年各地區人民幣實際有效匯率指數 / 196
附錄 C　貿易商品按技術含量分類標準 / 198

1 導論

1.1 選題背景

隨著中國綜合實力的顯著增強，人民幣日益成為國際貨幣體系的一支新興力量，尤其是1997年亞洲金融危機爆發後，人民幣在中國周邊國家和地區扮演著愈加重要的角色。起初中國政府出於防控金融風險的考慮，對人民幣國際化一直採取消極迴避態度，直至2008年國際金融危機爆發之後，中國政府才開始積極主動、穩步有序地推動跨境貿易人民幣結算政策，並以此作為人民幣國際化的突破口和重中之重。成為跨境貿易計價結算貨幣，是一國貨幣走向國際化的起點和基礎（梅德平，2014）。在世界經濟發展早期，貿易發展是貨幣國際化最重要，甚至是唯一重要的決定因素（趙然，2012）。

在國際金融危機席捲全球的經濟背景下，為促進中國與周邊國家和地區的貿易和投資便利化，2009年4月8日國務院決定在上海市和廣東4市先行開展跨境貿易人民幣結算試點工作，境外地域主要針對港澳、東盟地區，365家企業參加了首批試點，此後六部委又相繼出抬政策文件保障跨境貿易人民幣結算健康有序發展。此外，為了配合跨境人民幣結算業務的開展，

滿足境外人民幣需求，中國還通過簽署雙邊貨幣互換協議、建立離岸人民幣市場、推動資本帳戶改革、在上海自由貿易區內開展跨境人民幣業務創新試點、啓動「滬港通」等措施為跨境貿易人民幣結算營造更好的製度環境。

跨境貿易人民幣結算試點推行以來，備受各界廣泛關注。市場普遍預期，出抬和推進跨境貿易人民幣結算試點工作順應了國內外市場的客觀經濟需要，對中國對外貿易和對外投資便利化具有顯著促進作用。2009年末銀行僅為企業累計辦理409筆、35.8億元的跨境貿易人民幣結算業務，但2010年之後，經過出口退稅等政策的調整，跨境貿易人民幣結算進入「暖春」，僅2010年第一季度銀行累計辦理數額就已經是2009年下半年結算量的5倍多，自此跨境貿易人民幣結算進入快速增長通道。截至2015年末，世界幾乎每個國家和地區均與中國境內發生實際人民幣收付，經常項目跨境貿易人民幣結算業務累計23.94萬億元。試點推行以來，跨境貿易人民幣結算占中國貨物貿易結算總額的比重迅速提高，2010年該比重不足2%，2012年升至8%，2013年該比重約為15%，2014年人民幣國際使用繼續較快發展，人民幣跨境收支占本外幣跨境收支的比重上升至23.6%（中國人民銀行，2015）。

匯率作為開放型經濟最重要的一個價格調節變量，對一國涉外經濟活動有著牽一發而動全身的影響，因此系統研究人民幣匯率變動與跨境貿易人民幣結算的關係十分有必要。1994年1月1日，中國開始實行以市場供求為基礎的、單一的、有管理的浮動匯率製度；2005年7月中國啓動人民幣匯率市場化改革以來，人民幣名義匯率和實際匯率基本處於升值趨勢，中國實務界和理論界愈加認識到，應該提高密切關注人民幣匯率動態、選擇符合中國企業利益的對外貿易結算貨幣的自覺性。2009年7月以來，跨境貿易人民幣結算有步驟向前推進，為學者們研究

跨境貿易人民幣結算提供了不可多得的製度環境。近來人民幣匯率屢創新高之後經歷大幅貶值、有升有貶雙向浮動的過程，構成了中國學者研究跨境貿易人民幣結算匯率因素的客觀經濟背景。

中國堅持按照主動性、可控性和漸進性原則推動人民幣匯率市場化改革進程。十八大報告強調要「深化金融體制改革，健全促進宏觀經濟穩定、支持實體經濟發展的現代金融體系，加快發展多層次資本市場，穩步推進利率和匯率市場化改革」。2016年政府工作報告中稱，要繼續完善人民幣匯率市場化形成機制，保持人民幣匯率在合理均衡水平上基本穩定。人民幣匯改啓動以來，中國人民銀行已經三次擴大人民幣兌美元交易浮動區間；2014年2月份以來，人民幣匯率打破長期單邊升值預期，開始走向貶值，人民幣匯率顯示出雙向波動特徵；2015年8月11日上午，央行公布人民幣兌美元匯率中間價報6.229,8，較上一個交易日貶值1,136點，下調幅度達1.9%，為歷史最大單日降幅，此後連續兩天人民幣兌美元匯率繼續貶值，此輪匯改之後人民幣匯率雙向波動明顯。中國政府正在有序推進人民幣匯率彈性機制的建立和完善，可以預見，影響人民幣匯率變動的因素更趨多元和複雜，加之匯率波動的時變性、聚類性和不對稱性特徵，人民幣匯率變動已成為影響跨境貿易人民幣結算的重要變量。

1.2 選題意義

新中國成立以來，中國經濟逐步從高度集中的計劃經濟體制轉向市場發揮主導作用的社會主義市場經濟體制，中國共產黨十八屆三中全會審議通過了《中共中央關於全面深化改革若

干重大問題的決定》，強調「要緊緊圍繞使市場在資源配置中起決定性作用，深化經濟體制改革」。人民幣匯率體制也順應這一發展趨勢，逐漸從完全固定的匯率製度發展為有管理的浮動匯率制。在這個過程中，中國經濟對外聯繫程度不斷加強，人民幣匯率也日益成為中國調節內外經濟的重要槓桿，成為中國實現內外經濟均衡的重要政策工具。世界經濟一體化和扁平化是不可阻擋的歷史潮流，中國經濟也將進一步深度融入世界經濟體系當中，人民幣匯率越來越成為影響中國經濟和世界經濟的重要變量，因此中國各界應該提高研究人民幣匯率的自覺性和自主性，以更好地利用人民幣匯率這一政策工具達到特定經濟目標。

　　改革開放三十多年以來，中國匯率體制先後經歷了匯率雙軌制，以市場供求為基礎的、單一的、有管理的浮動匯率製度，以市場供求為基礎、參考一籃子貨幣進行調節、有管理的浮動匯率製度，市場化是人民幣匯率製度改革始終堅持的方向（中國人民銀行金融研究所，2011）。2007年以來，中國人民銀行三次調整銀行間即期外匯市場人民幣兌美元交易價浮動幅度，浮動區間不斷擴大，人民幣匯率正從「區間+爬行」模式，向「區間+管理浮動」模式過渡。在「區間+爬行」模式下，以中間價為基準，人民幣兌美元匯率只能在±1%的狹窄區間內波動，且央行比較頻繁地對人民幣匯率進行干預，因此，央行仍然是事實上的人民幣匯率制定者；而在「區間+浮動」模式下，人民幣匯率波幅擴大到±2%，貨幣當局退出常態式干預，市場對人民幣對外價格的決定作用明顯上升，央行更多地從「價格制定者」轉變為「價格監督者」。不斷完善人民幣匯率市場形成機制，是中國內外經濟深入發展的客觀要求和製度保障。

　　「強國必強幣。」經過三十多年的迅速發展，中國綜合實力顯著提升，一方面提高了人民幣的國際影響力，另一方面也對

人民幣在國際貨幣體系中所應承擔的責任提出更高的要求。不可否認的事實是，當前人民幣並未享有與中國經濟實力相當的國際地位。2008年國際金融危機爆發以來，中國政府一改以往的消極態度，開始積極主動追求人民幣國際化戰略目標，跨境貿易人民幣結算成為人民幣國際化的突破口和重中之重。人民幣匯率因素既是中國推行跨境貿易人民幣結算政策的客觀經濟背景，也是影響中國跨境貿易人民幣結算政策效果的重要原因。

近年來，中國學者開始關注影響跨境貿易人民幣結算的匯率因素，並取得一定的研究成果，但是，當前相關研究呈現出零散化、碎片化特徵，研究內容不成體系，論證方法也大多為定性分析，說服力不夠；研究結論眾說紛紜，莫衷一是。有鑒於此，本書旨在充分借鑒國內外已有的研究成果，綜合運用多種研究方法，對影響跨境貿易人民幣結算的人民幣匯率因素展開系統、深入的研究，得出具有信服力和指導意義的研究結論。

通過系統深入的研究，本書試圖進一步厘清跨境貿易人民幣結算與人民幣匯率之間錯綜複雜的關係，明確其中的傳導機制，為相關結論提供堅實理論基礎；博採不同研究方法之所長，綜合論證相關命題，得出較有說服力的研究結論。本研究既可以豐富國際支付媒介理論體系，也可為當前中國跨境貿易人民幣結算實踐提供現實指導，同時為中國匯率體制改革提供啟示。

1.3 研究方法

1.3.1 實證分析與規範分析結合法

本書利用時間序列數據、面板數據、橫截面數據等不同數據類型，建立 GARCH 模型、GRAVITY 模型、B-S 模型等計量

經濟模型，實證分析中國外貿企業面臨的匯率波動風險程度、跨境貿易人民幣結算試點是否顯著促進了各地區進出口額、改革開放以後人民幣實際有效匯率是否存在 B-S 效應等問題，得出具有計量模型支撐的研究結論；運用規範分析方法，評價中國跨境貿易人民幣結算政策的合理性及其實施效果，論證跨境貿易人民幣結算的匯率製度選擇問題。

1.3.2 定性研究與定量研究結合法

本書充分利用中國國家統計局、各類統計年鑒、UNcomtrade 數據庫、IMF 數據庫、BIS 數據庫、WTO 國際貿易數據庫、美國經濟分析局等官方發布的權威數據和資料，搜集整理大量翔實可靠的經濟數據。筆者對這些數據進行統計分析，總結出中國宏觀經濟走勢及規律；測算出中國各地區人民幣實際有效匯率指數，定量分析中國各地區企業面臨的實際匯率風險程度和貿易競爭力；同時，從 HS 商品分類、SITC 技術等級分類、貿易方式、貿易夥伴等角度，深入剖析中國對外貿易結構的發展過程。在以上定量分析的基礎上，本書進一步定性分析中國進出口的匯率敏感性及其對跨境貿易人民幣結算的影響。

1.3.3 文獻整理研究法

本書綜合運用不同文獻檢索工具，通過中國知網、IDEAS 學術網站、JSTOR 外文期刊數據庫、Sciencedirect 外文期刊數據庫、各國際組織和研究機構的研究報告和工作論文，搜集大量與本書研究內容相關的文獻資料，並對這些文獻資料進行整理、再歸類，總結出與本書研究內容相關的經濟認識。在充分借鑑這些研究成果的基礎上，提出相應的假設命題、研究設計，整理出文獻綜述，並確定本書的研究突破口和創新點。

1.3.4 比較研究法

「以史為鑒，可以知興替。」人民幣作為國際結算貨幣雖然是一種新興現象，但歷史上早有多種貨幣履行著該項國際貨幣職能，這為跨境貿易人民幣結算提供了寶貴的經驗和啟示。本書對歷史上或當前仍充當國際貿易支付媒介（或結算工具）的六種貨幣——英鎊、法國法郎、美元、德國馬克、日元和歐元進行比較研究，重點考察各貨幣匯率變動對其國際結算職能有何影響，通過對比分析提煉出普遍性規律，確定本書的研究視角，並據此提出部分假設命題。

1.4 研究框架

本書設置了八章內容，遵循從現象到本質、從結果到原因、從實證分析到規範分析的研究順序，研究邏輯主線為「國際支付媒介與匯率之間存在什麼關係→跨境貿易人民幣結算與人民幣匯率之間是否也存在這些關係→人民幣匯率對跨境貿易人民幣結算的影響是否有其特殊性→跨境貿易人民幣結算和人民幣匯率之間的關係對人民幣匯率製度選擇有何啟示」。具體而言，本書各章的主要內容分別為：

第一章，導論。本章將對全書進行概括性總結，介紹了本書的選題背景、選題意義、研究方法、研究框架、主要創新點與不足之處。

第二章，相關理論和文獻綜述。本章系統梳理國內外學者有關跨境貿易結算貨幣選擇及其匯率因素的研究文獻，並對已有研究成果進行評論，在此基礎上，提出本書的突破點和創新之處。

第三章，跨境貿易人民幣結算發展歷程及啟示。本章首先從國際貨幣職能的角度明確界定跨境貿易人民幣結算的涵義，明確了跨境貿易人民幣結算的概念；再對新中國成立以來中國跨境貿易人民幣結算製度的演變歷程進行梳理，考察匯率因素在不同階段所起的作用。

第四章，匯率變動對主要國際貨幣發揮國際結算功能的影響及啟示。對歷史上或當前的六種國際結算貨幣與其匯率的關係進行比較研究，總結出一般性規律，為跨境貿易人民幣結算與人民幣匯率關係提供經驗和借鑑。

第五章，人民幣匯率對跨境貿易人民幣結算政策效果的影響分析。本章圍繞「跨境貿易人民幣結算的政策背景是什麼？要實現什麼樣的政策目標？目前政策效果是否樂觀？」這一邏輯主線，運用 GARCH 模型族實證分析中國各地區外貿企業所面臨的匯率風險程度，以更好地論證跨境貿易人民幣結算政策的急迫性和合理性；構建跨境貿易人民幣結算試點地區的人民幣實際有效匯率指數，運用 GRAVITY 模型，實證檢驗各地區匯率波動對貿易流量的影響方向和程度。通過上述兩個實證模型，評價中國當前跨境貿易人民幣結算的政策效果，並對其中的原因進行闡釋。

第六章，人民幣長期單邊升值對跨境貿易人民幣結算的影響。承接第五章的研究內容，立足於人民幣多年來長期處於升值趨勢及其預期的經濟背景，對當前跨境貿易人民幣結算不能很好幫助中國外貿企業規避匯率波動風險的原因展開深入討論。本章圍繞「引起人民幣升值的內外驅動力是什麼？」和「不同驅動力對跨境貿易人民幣結算有什麼影響？」這兩個問題展開研究，實證檢驗改革開放以來人民幣對美元實際匯率具備 B-S 效應；同時討論套利投機需求對跨境貿易人民幣結算的作用。

第七章，中國對外貿易匯率敏感性及其對跨境貿易人民幣結

算的影響。本章繼續承接第五章的研究內容，著重分析中國對外貿易的匯率敏感性，進而考察中國企業對外貿易話語權對中國企業跨境貿易結算幣種選擇的影響。具體地，該部分內容將分別分析中國進出口商品結構及其匯率敏感性、中國對外貿易方式及其匯率敏感性、中國進出口企業性質及其匯率管理能力，最後總結出中國對外貿易匯率敏感性將如何影響跨境貿易人民幣結算。

第八章，跨境貿易人民幣結算的匯率製度選擇。本章綜合前文的研究內容，嘗試回答一個不可迴避的問題：人民幣匯率變動對跨境貿易人民幣結算影響重大，那麼中國貨幣當局應該選擇什麼樣的人民幣匯率製度，才能更好地為跨境貿易人民幣結算提供長期的製度保障？本章首先對不同匯率製度類型及其利弊進行概述，再對不同匯率製度與跨境貿易結算的關係進行論述，最後分析跨境貿易人民幣結算的匯率製度選擇。本書的研究框架如圖 1-1 所示。

1.5　主要創新點與不足之處

1.5.1　主要創新點

（1）本書首次較為系統地研究了人民幣匯率變動對跨境貿易人民幣結算的影響，改變了以往零散、碎片的研究狀況。通過系統深入研究，跨境貿易人民幣結算與人民幣匯率的內在邏輯關係進一步得到厘清，二者的數量關係也得到進一步的實證檢驗。

（2）由於中國區域經濟具有明顯的異質性，人民幣匯率變動程度也因參照貨幣不同而不同，因此本書第五章以 20 個跨境貿易人民幣結算試點地區在 2004—2013 年各年前 15 大貿易夥伴貨幣為籃子，以貿易夥伴占各地區貿易份額為權重，構建了各

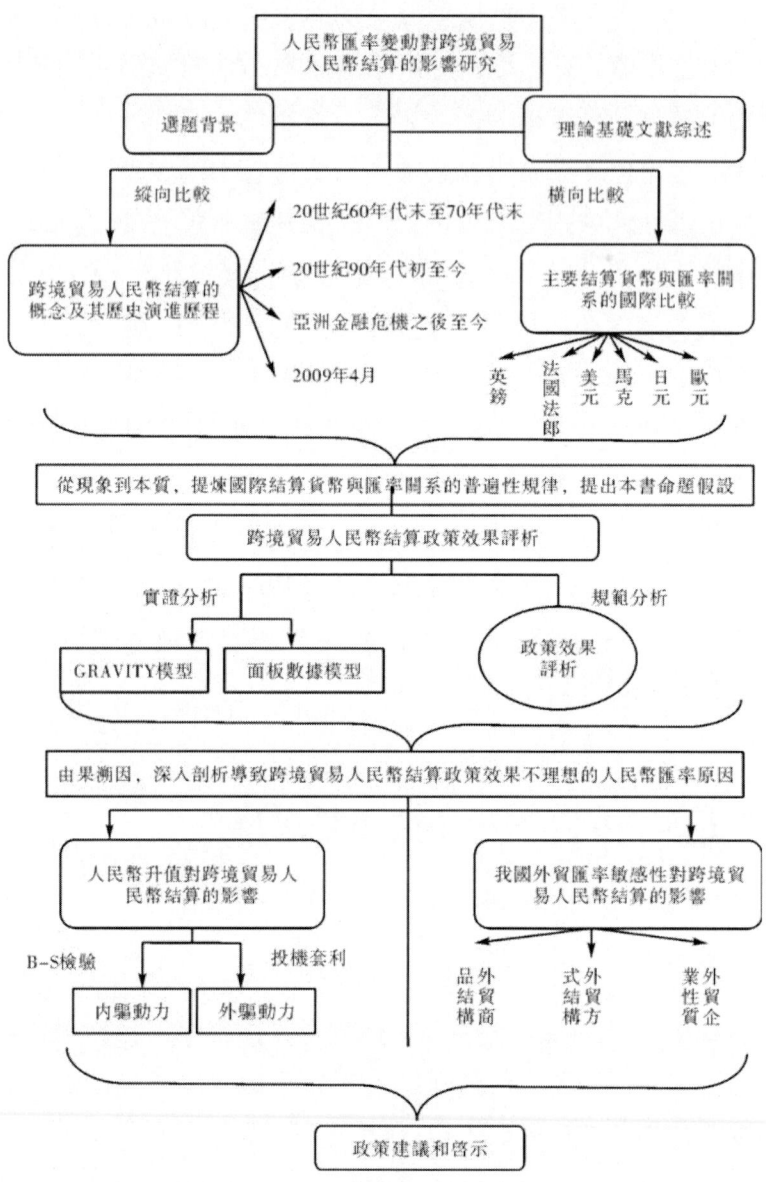

圖1-1　本書研究框架圖

地區人民幣實際有效匯率指數。該指數能更好體現各地區企業面臨的人民幣匯率波動風險，為評價當前跨境貿易人民幣結算政策的效果提供更為準確的依據，為後續的研究提供基礎。

（3）本書首次細分了人民幣匯率升值的內在和外在驅動力，分析了在內外驅動力作用下，人民幣匯率升值對跨境貿易人民幣結算的影響。本書第六章首先用實證模型檢驗人民幣實際匯率存在 B-S 效應，證明了因中國可貿易部門「相對相對增長」內在驅動的人民幣實際匯率升值保證了跨境貿易人民幣結算的真實客觀需求，這種需求具有長期性、可持續性和穩定性；然後分析了 CNH 市場和 CNY 市場存在投機套利情況下，人民幣名義匯率升值對跨境貿易人民幣結算的影響。

1.5.2 不足之處

（1）本書的計量模型均以宏觀數據為樣本，但跨境貿易人民幣結算能否順利推行在根本上取決於微觀經濟主體利益是否實現了最大化，因此建立微觀計量模型有助於得到更精確的研究結論。鑒於微觀企業數據難以獲取，進行調研獲取一手數據所需經費高、耗時長，筆者暫時無法建立微觀計量模型對相關問題進行更為精確的驗證，這是筆者下一步需深入展開的工作。

（2）在比較研究六種國際貿易結算貨幣的過程中，有關法國法郎、德國馬克、日元的內容應該盡可能地參考貨幣發行國學者的研究，但囿於語言障礙，這項工作無法有效開展。筆者盡量閱讀貨幣發行國學術研究資料的中譯本，這也是一個退而求其次的折中解決辦法。

（3）改革開放初期，由於中國經濟統計工作剛剛起步，許多統計數據沒有發布，如果捨棄缺失年份樣本值，會損失樣本量，降低計量模型的有效性。為了最大限度地保證經濟數據的全面性、可靠性和真實性，本書所需數據按照「官方統計數據、學術研究數據、網路分析數據」的優先次序進行搜集。

2 相關理論和文獻綜述

在梳理相關理論和文獻綜述之前，我們必須首先明確國際貨幣的概念和職能。基於不同的角度，以往的研究對國際貨幣下了不同的定義，其中最具代表性的是 IMF 從貨幣特性和功能視角對國際貨幣的定義——「具有世界範圍的可接受性、購買力的穩定性和金融便利性的貨幣」。一般認為，國際貨幣是指在世界市場上被普遍接受並使用，承擔計價標準、流通手段、支付手段和儲藏手段等全部或部分貨幣職能的貨幣（支華，2013）。Cohen（1971）和 Whitman（1974）最早按貨幣的不同職能及其在不同部門的使用情況對國際貨幣進行分類，Kenen（1983）進一步使分類變得精練。McKinnon（1993）、Hartmann（1998）、Cohen（1999）、Chinn 和 Frankel（2005）總結了國際貨幣的功能及其在私人部門和官方部門的主要用途，如表 2-1 所示。

表 2-1　　　　國際貨幣的功能和主要用途

貨幣功能	私人用途	官方用途
交易媒介	外匯市場交易貨幣，國際貿易、國際金融交易貨幣	外匯市場干預貨幣
計價單位	國際貿易和國際金融市場的計價貨幣	釘住的名義錨

表2-1(續)

貨幣功能	私人用途	官方用途
價值儲藏	外匯資產	外匯儲備

資料來源：Chinn & Frankel（2005）。

　　Bourguinat（1985）認為，貨幣不同職能之間存在層級路徑，一種貨幣的交易媒介職能優先於價值儲藏和計價單位職能，國際貨幣基本上也遵循了這一職能層級路徑。國際貨幣職能一般發端於日益頻繁的國際交易支付使用，表現為經常項目的可兌換性；之後非居民開始將其作為計價貨幣，表現在資本帳戶的可兌換性；最後，出於交易的預防性需求等動機非居民將其作為儲藏貨幣持有，表現在儲備資產帳戶的結構變化。交易支付媒介是一國貨幣「走出去」的最初階段，一國國際貿易對其貨幣區域化具有基礎性的推動作用（Cipolla，1967；Tavlas，1997；Dwyer & Lothian，2002；高海紅，余永定，2010）。因此，國際結算貨幣選擇對企業實現利潤最大化、貨幣國際化進程都具有重要意義。

　　國際貿易計價結算貨幣選擇是交易雙方確定以何種貨幣作為合同標價貨幣，並商定未來合同履行與交易完成的行為過程。目前，國內許多學者大多將結算貨幣等同於計價貨幣，沒有對二者進行嚴格的區分，事實上，貨幣的計價功能和結算功能相互區別又緊密聯繫。Friberg（1998）認為，國際貿易合同所使用的貨幣為計價貨幣，實際支付的貨幣為結算貨幣。Friberg和Wilander（2008）指出，對於絕大多數企業來說，計價貨幣和結算貨幣通常是一致的。筆者認為，這種一致性可以這樣來理解：進出口企業在簽訂對外貿易合同時，會面臨合同計價貨幣和合同結算貨幣兩種決策選擇，合同計價貨幣不一定是該商品的計

價貨幣，① 但合同計價貨幣往往也是合同結算貨幣，這樣不僅可以減少進出口商的匯率管理成本，而且能提高合同談判和履行效率。有鑒於此，本書將此類情形下的計價貨幣和結算貨幣統歸為結算貨幣。

因此，本章在對與跨境貿易人民幣的匯率因素相關的理論和文獻進行梳理時，不囿於搜索「結算貨幣」「Currency of Settlement」「Currency of payment」這類關鍵詞的文獻資料，也以「計價貨幣」「Currency of Invoice」為關鍵詞搜索整理相關文獻資料，尤其以微觀企業計價貨幣選擇為研究主題的文獻資料更是納入了本書的參考範圍。這保證了本書文獻整理工作的全面性，有助於本書尋找突破口和創新點。

大多數學者認為，最早對國際貿易結算貨幣選擇問題進行研究的是美國學者 Swoboda（1968），當時正值美元凸現「特里芬難題」和危機爆發之際，布雷頓森林體系岌岌可危，「雙掛鈎」製度難以為繼。② 隨著 1973 年布雷頓森林體系徹底土崩瓦解，浮動匯率制合法化後，國際主要貨幣對美元的匯率不再穩定，甚至大幅波動，國際貿易遭受前所未有的貨幣結算衝擊，這掀起了學界對國際貿易結算貨幣選擇進行理論探索和實證檢驗的研究熱潮，並取得相當豐碩的研究成果。下文以國際貿易

---

① 比如，某些農產品、資源類產品，國際市場上幾乎都以美元計價。而中國購買澳大利亞鐵礦石的國際貨物銷售合同中，可以選擇以人民幣計價、以人民幣結算，但事實上，所謂的以人民幣計價還是得根據美元價格折算成人民幣價格，人民幣並非真正意義上的計價單位。

② 1963 年，一些國家大量拋售美元，擠兌黃金，倫敦黃金市場價格猛漲到 1 盎司 41 美元，遠遠超過布雷頓森林會議規定的 1 盎司 35 美元的官方比價，美元第一次爆發嚴重危機。1968 年 3 月，倫敦、巴黎和蘇黎世黃金市場爆發了第二次美元危機，人們規模空前地拋售美元、搶購黃金，這使得美國最終停止了在自由市場上按照 35 美元 1 盎司的官價出售黃金，而是聽任市場金價自由波動。

結算貨幣選擇的匯率因素為主線，分別對不同研究階段的相關資料進行梳理。

2.1 影響西方國家對外貿易結算貨幣選擇的匯率因素研究

2.1.1 經驗數據研究

Swoboda（1968）從交易成本的角度出發，認為在外匯市場上高度流動的貨幣通常具有交易成本優勢，幫助該貨幣在國際市場上形成「厚度市場外部性」（thick market externalities），從而使得集中使用此類貨幣具有規模經濟效益。Sven Grassman（1973）較早利用歷史經驗數據研究國際貿易的結算貨幣選擇問題，他對1968年丹麥和瑞典雙邊貿易的結算貨幣進行研究時發現，兩國貿易中以本幣結算的比重約為65%，以進口國貨幣結算的比重約為25%，只有少部分貿易以第三方貨幣結算。兩國都傾向於使用出口國貨幣作為結算貨幣，尤其在工業製成品貿易上這種傾向更為明顯，此即「Grassman法則」。此後，Mckinnon Ronald（1979）提出產品結構和產業特性對結算貨幣的選擇具有重要影響。他將可貿易品分為兩大類：I類可貿易品（Tradables I）——具有較強價格支配力的異質品；II類可貿易品（Tradables II）——不具有價格支配力的同質品。Mckinnon認為，I類可貿易品，比如機械產品、技術產品等異質品的國際貿易傾向於使用出口國貨幣結算，因為這些產品的出口商往往具有較高的合同談判能力；II類可貿易品，比如原油、鐵礦石、農產品等初級產品的國際貿易傾向於使用單一國家貨幣作為結算貨幣（當前主要使用美元），因為初級產品差異化程度低，交

易市場競爭激烈，使用單一交易貨幣能有效降低交易成本。

為了驗證「Grassman 法則」「Mckinnon 假說」的適用性，Page（1977）、VanNieuwkerk（1979）和 Carse et al.（1980）分別考察了英國、荷蘭等歐洲發達國家的對外貿易結算貨幣經驗數據，研究結果進一步支持了「Grassman 法則」；Page（1981）測算了 1976 年前後 9 個西歐國家在工業製成品和初級產品進出口貿易的計價結算貨幣數據，他發現，在工業發達國家對外貿易結算貨幣中，只有美元的結算比例超過各自本幣的結算份額，美元的國際結算比重遠遠超過美國的世界出口份額，這在初級產品上尤為明顯，且在發達國家與發展中國家貿易時發達國家貨幣（尤其是美元）占據絕對主導地位。「Mckinnon 假說」得到初步驗證。

「Grassman 法則」「Mckinnon 假說」論述了行業特性、產品特性對結算貨幣的選擇具有直接影響，這些影響事實上可追溯到不同行業、不同產品對匯率具有不同的敏感性和傳遞效應，從而選擇符合自身利益最大化的跨境貿易結算貨幣。「Grassman 法則」表明，具有更強市場談判能力的企業將會選擇本幣結算以規避匯率風險（Bilson，1983；Hartmann，1998）。Magee（1973）認為，合同期內若計價貨幣升值，出口商可得到額外收益，而進口商則要承擔額外損失，因此出口商更傾向於使用外國貨幣，進口商則傾向於使用本國貨幣。Krugman（1980）基於規模經濟效應假設，指出交易成本最低的貨幣亦即交易規模最大的貨幣，該貨幣自然成為國際貿易主要的計價結算貨幣；一旦這種貨幣建立具有厚度的市場網路之後，該貨幣的使用就形成市場慣性，存在自我強化效應。同時，在差異化程度低、具有高度替代性的行業，出口商為了避免因匯率波動引起出口商品實際價格的變化，傾向於使用與競爭者相同的結算貨幣。Cornell（1980）、Magee 和 Rao（1980）以通貨膨脹差異程度衡量貨

幣的強弱特性，他們認為，在購買力平價理論成立的情況下，處於高通貨膨脹國家的交易商更傾向於採用低通貨膨脹國家的貨幣計價。但如果 PPP 在短期內不成立，① 實際匯率就會受通脹影響而變動，通貨膨脹和名義匯率變動都會對結算幣種選擇產生影響。

「Grassman 法則」「Mckinnon 假說」對 20 世紀六七十年代發達國家之間的貿易結算貨幣選擇具有一定的解釋力，但是隨著學者將研究對象擴展至發展中國家和地區，這些經驗法則和假說越來越得不到支持。大多數發展中國家和發達國家的進出口貿易，幾乎都是採用發達國家的貨幣，而發展中國家之間的貿易結算貨幣則大量是第三方貨幣（即載體貨幣或媒介貨幣，Vehicle currency）。

Goldberg 和 Tille（2009）指出，以往的實證研究多以加總數據（aggregate data）為樣本，這很可能會消除個體差異特性，因此他們重新以加拿大 2002 年 2 月至 2009 年 2 月的 4,500 萬個進口貿易分行業海量數據（disagregate data）為樣本，重新考察了影響加拿大對外貿易結算貨幣選擇的微觀、宏觀和戰略性因素。他們發現，與已有理論相符，那些本幣與加拿大元匯率波動頻繁的出口商更傾向於選擇第三方貨幣美元進行結算；本國實行釘住美元匯率製度的出口商也有類似行為偏好。

有關發展中國家對外貿易結算貨幣的研究為數不多，數據難以獲取是其中一個重要的原因。Daniel Gersten Reiss（2014）利用巴西外貿部新發布的數據庫，考察 2007—2011 年巴西對外貿易中以雷亞爾結算的發展狀況。他認為，阻礙雷亞爾在巴西對外貿易中結算比重增長的一個重要因素是匯率波動。由於巴

---

① 導致 PPP 不成立的因素可以有貿易成本、菜單成本和不可貿易品投入等。

西對外貿易統計數據以美元表示，因此以美元之外貨幣結算的貿易額就得換算為美元，這個過程就會受匯率影響。不過，在他的研究中，只對經驗數據進行測算，並沒有對統計結果做出理論解釋。Daniel Gersten Reiss（2015）認為，2008年10月巴西和阿根廷建成的雙邊支付體系為兩國貿易以本幣結算提供了更多金融工具，這有助於巴西和阿根廷雙邊貿易以雷亞爾或阿根廷比索進行結算。

2.1.2 廠商利潤最大化原則下的數理和實證分析

到了20世紀80年代後期，大量學者開始將國際貿易結算貨幣選擇問題數理化和模型化，並運用數據對所得推論進行實證檢驗。

Giovannini（1988）分析了在匯率不確定的情況下，壟斷廠商如何通過選擇不同結算貨幣實現期望效用最大化。壟斷地位保證了廠商在結算貨幣選擇上擁有足夠的主動權，從而有能力追求預期利潤最大化目標。

假設壟斷廠商面臨的出口需求函數為 $h(P)$，P 為進口商所面臨的價格；壟斷廠商的成本函數為 $C(h)$。S 為直接標價法下出口方對進口方貨幣的兌換比率；P^m 為以進口方貨幣計價結算的產品價格；P^e 表示以出口方貨幣計價的產品價格；u 表示馮·諾依曼-摩根斯坦利效用函數，則有 $u'>0$，$u''<0$，即該壟斷出口廠商是風險厭惡者。由於匯率波動具有隨機性，因此壟斷出口商選擇以本幣或進口方貨幣計價結算所能獲得的利潤也存在不確定性。壟斷廠商以本幣和進口方貨幣計價結算所能獲得的期望效用分別為：

$$Eu(\pi^e) = Eu\{p^e h(p^e/s) - c[p^e/s]\}$$
$$Eu(\pi^m) = Eu\{sp^m h(p^m) - c[h(p^m)]\}$$

當 $Eu(\pi^e) > Eu(\pi^m)$ 時，理性的壟斷出口商會選擇以本

幣結算；當 $Eu(\pi^e) < Eu(\pi^m)$ 時，他則會選擇以進口方貨幣結算。根據 Giovannini（1988）的推導，

$$Eu(\pi^e) - Eu(\pi^m) = 0.5u'\frac{\partial^2 \pi^e}{\partial^2 s}\delta^2,$$

由於 $u'>0$，$\delta^2>0$，所以當壟斷出口廠商的利潤函數 π^e 是匯率 s 的凸函數時，即 $\frac{\partial^2 \pi^e}{\partial^2 s}>0$ 時，有 $Eu(\pi^e) - Eu(\pi^m) > 0$，這意味著，此時該廠商面臨的出口需求價格彈性較小，那麼他將使用本幣進行結算以規避匯率波動風險；反之，當利潤函數 π^e 是匯率 s 的凹函數時，即 $\frac{\partial^2 \pi^e}{\partial^2 s}<0$ 時，此時該壟斷廠商面臨較大的出口價格彈性，將選擇以進口方貨幣結算。

Giovannini（1988）建立了產量、價格、出口量同時決定的靜態模型。Donnenfeld 和 Zilcha（1991）進一步將這些決策變量動態化，建立了廠商結算貨幣選擇的動態化模型。他們將壟斷出口廠商的交易行為劃分為三個時間節點：t_0 時刻壟斷出口廠商做出產量決定；t_1 時刻壟斷出口廠商綜合內外部市場信息制定滿足利益最大化的國內外銷售價格；t_2 時刻壟斷出口廠商和進口商達成交易。由於定價和交易達成之間存在時滯，匯率波動存在不確定性，所以當出口廠商的出口需求價格彈性較小，匯率波動造成國外市場價格波動較大時，出口商使用進口方貨幣結算比使用本國貨幣的預期利潤更高。Friberg（1997）認為，企業最優計價貨幣選擇與其產品的外國需求價格彈性緊密相關，次優計價貨幣選擇則取決於進出口國匯率相對波動情況。如果出口國貨幣相對於第三方貨幣的匯率波動率小於進出口國雙邊匯率波動率，則出口商會選擇第三方貨幣。

2.1.3 一般均衡框架下的數理和實證分析

Bacchetta 和 Wincoop（2002）運用寡頭模型和壟斷模型對國

際貿易計價貨幣進行一般均衡和局部均衡分析，得到出口商最大化預期利潤情況下的最優計價貨幣選擇：①出口產品差異程度越大，出口商越有可能選擇本國貨幣進行結算；②若存在第三國貨幣作為結算貨幣，目標國貨幣則不會被採用；③出口國經濟規模越大，越可能選擇本國貨幣進行結算；④出口國貨幣供給越穩定，出口商越可能選擇本國貨幣作為結算貨幣。

Donnenfeld and Haug (2003) 建立多項和二項 logit 模型，運用加拿大 1989—1994 年以 16 個國家在不同行業的進口貿易計價貨幣數據作為樣本，選取外匯風險、地理距離、貿易夥伴國規模 GNP 為解釋變量，在 24 個迴歸結果中，只有兩次迴歸表明，匯率波動性在計價貨幣選擇上有顯著作用，且目標國貨幣選擇與匯率波動程度呈正相關關係。

Devereux, Engel 和 Storegaard (2004) 基於匯率內生傳遞假設，在一般均衡框架下建立開放經濟中的兩國模型，分析貨幣波動對結算貨幣選擇的影響。他們研究認為，匯率傳遞效應與貨幣政策穩定性相關聯，貨幣政策的劇烈波動會引起匯率的劇烈波動，這使得出口商傾向於選擇穩定貨幣作為結算貨幣。

Annette Kamps (2006) 認為，浮動匯率制和修改出口商品名義價格所產生的菜單成本使得出口商更願意以目標國貨幣定價結算，以維持該商品在目標市場的競爭力，其中，匯率對價格的傳遞路徑和經濟週期具有重要作用。

Ligthart 和 Silva (2007) 選取荷蘭在 1987—1998 年和 OECD 國家貨物貿易的季度數據，採用似不相關估計模型（seemingly unrelated regreesion, SUR），實證研究決定荷蘭盾在荷蘭對外貿易中得到使用的因素。他們得到的一個重要研究結論是，一國外匯市場發展的深度、國際貿易市場份額和是否加入緊密經貿關係安排是影響該國貨幣在對外貿易中成為結算貨幣的決定因素。但是，該項研究樣本不包含發展中國家，結論的普遍適用

性有待進一步考察。

Richard Friberg 和 Fredrik Wilander（2007）以 1999—2002 年瑞典國際貿易結算貨幣數據和 33,367 家瑞典企業問卷數據為分析樣本，他們發現，瑞典的計價貨幣模式與貿易加權的匯率指數之間僅存在微弱的相關關係。他們認為，這個結論僅僅具有參考性（suggestive），因為該樣本數據的時間跨度很短，數據處理方法也比較粗糙。

Goldberg 和 Tille（2008）將 Devereux 等（2004）的兩國兩幣模型擴展為三國三幣模型，且假設生產技術不是規模報酬不變，而是規模報酬遞減，因此產出增加在導致邊際成本上升的同時可以保持工資水平不變。任何兩國的交易商都可以從三種貨幣中選擇結算貨幣，Goldberg 和 Tille（2008）專門討論出口商選擇第三方貨幣所具備的條件和特徵。

假設出口企業為它所生產的產品定價，且此時它不知道市場正面臨多重衝擊。它在 e 國生產產品 z，並銷往目標國 d。廠商只投入一種要素——勞動，且生產技術具有規模報酬遞減的特點：

$$Y_{ed}(z) = \frac{1}{\alpha}[H_{ed}(z)]^{\alpha}, \quad 0<\alpha<1$$

其中，$Y_{ed}(z)$ 表示產品 z 的產量，H 表示勞動投入，α 是規模報酬指數。該廠商面臨的 d 國市場需求函數為：

$$Y_d(z) = \left[\frac{P_{ed}(z)}{P_d}\right]^{-\lambda} C_d, \quad \lambda>1$$

其中，C_d 是 d 國對產品 z 所屬部門所有相關產品的總需求，$P_{ed}(z)$ 是用 d 國貨幣表示的 e 國所產產品 z 的價格，P_d 是 d 國貨幣表示的由 d 國所有產品構成的價格指數。$\lambda>1$ 表示不同產品之間富有替代彈性。

出口商在意識到市場面臨各種衝擊之前，將其產品 z 以貨

幣 k 定價，記作 $P_{ed}^k(z)$，k=e, d, v，出口商可使用三種貨幣的任一種定價以最大化預期利潤：

$$\prod_{ed}^k(z) = ED_e\left\{S_{ek}P_{ed}^k(z)\left[\frac{S_{ek}P_{ed}^k(z)}{S_{ed}P_d}\right]^{-\lambda}C_d - W_e(\alpha)^{\frac{1}{\alpha}}\left[\frac{S_{ek}P_{ed}^k(z)}{S_{ed}P_d}\right]^{-\lambda}C_d\right]^{\frac{1}{\alpha}}\right\}$$

式（2-1-1）

其中 S_{ek} 是貨幣 e 對 k 的直接標價法匯率，S 變大意味著貨幣 e 對貨幣 k 貶值；D_e 是與 e 國特定的折算因子；W_e 是名義工資。由於所有生產企業都面臨相同的貨幣選擇問題，我們把式（2-1-1）的 $P_{ed}^k(z)$ 直接寫成 P_{ed}^k，則式（2-1-1）可轉換為：

$$\prod_{ed}^k = (P_{ed}^k)^{1-\lambda}ED_e(S_{ek})^{1-\lambda}(S_{ed})^\lambda(P_d)^\lambda C_d - \frac{\lambda\alpha^{(1-\alpha)/\alpha}}{\lambda-1}(P_{ed}^k)^{\lambda/\alpha}ED_eW_e(S_{ed})^{\lambda/\alpha}(P_d)^{\lambda/\alpha}(C_d)^{1/\alpha}$$

式（2-1-2）

借鑒 Tille（2002）的做法，將式（2-1-2）圍繞穩態點進行二次型展開，展開關係式為：

$$X^aY^b = X^{a*}Y^{b*}\left[1 + ax + by + \frac{1}{2}(ax+by)^2\right], 其中 x = \ln X - \ln X^*。$$

則式（2-1-2）可擴展為：

$$\pi_{ed}^k = \frac{\lambda}{\lambda-\alpha(\lambda-1)}\{(1-\lambda)p_{ed}^k + Ed_e + (1-\lambda)Es_{ed} + \lambda Ep_d + Ec_d + \frac{1}{2}E[d_e + (1-\lambda)s_{ek} + \lambda s_{ed} + c_d]^2\} - \frac{\alpha(\lambda-1)}{\lambda-\alpha(\lambda-1)}(-\frac{\lambda}{\alpha}p_{ed}^k + Ed_e + Ew_e)$$

式（2-1-3）

$$-\frac{\lambda}{\alpha}Es_{ek} + \frac{\lambda}{\alpha}Ep_d + \frac{1}{\alpha}Ec_d + \frac{1}{2}E[d_e + w_e - \frac{\lambda}{\alpha}s_{ek} + \frac{\lambda}{\alpha}s_{ed} + \frac{\lambda}{\alpha}p_d + \frac{1}{\alpha}c_d]^2$$

其中，$\pi_{ed}^k = (\Pi_{ed}^k - \Pi^*)/\Pi^*$。經過代數轉換後，式（2-1-3）可表示成：

$$\pi_{ed}^k = X_{ed} + \frac{\lambda}{\lambda - \alpha(\lambda-1)}\left[\frac{1}{2}E[s_{ek} - \lambda q_{ed}^k]^2 + E[s_{ek} - \lambda q_{ed}^k]c_d\right] + \frac{\alpha(\lambda-1)}{\lambda - \alpha(\lambda-1)}\left[-\frac{1}{2}E\left[\frac{\lambda}{\alpha}q_{ed}^k\right]^2 + \frac{\lambda}{\alpha}Eq_{ed}^k w_e + \frac{\lambda}{\alpha^2}Eq_{ed}^k c_d\right]$$

式（2-1-4）

其中，$q_{ed}^k = s_{ek} - s_{ed} - p_d$ 是 e 國廠商生產的產品 z 相對價格，

$$X_{ed} = Ed_e - \frac{\alpha(\lambda-1)}{\lambda-\alpha(\lambda-1)}Ew_e + \frac{1}{\lambda-\alpha(\lambda-1)}[\lambda(Es_{ed} + Ep_d) + Ec_d] + \frac{\lambda}{2[\lambda-\alpha(\lambda-1)]}E[d_e + c_d]^2 - \frac{\alpha(\lambda-1)}{2[\lambda-\alpha(\lambda-1)]}E\left[d_e + w_e + \frac{1}{\alpha}c_d\right]^2 + \frac{\lambda}{\lambda-\alpha(\lambda-1)}E(s_{ed} + p_d)d_e$$

式（2-1-4）邊際收益項 $[s_{ek} - \lambda q_{ed}^k]$ 反應出匯率波動效應。匯率波動通過影響產品 z 的相對價格 q_{ed}^k，消費者可以在 z 及其替代品中進行選擇。而且，如果產品固定以貨幣 k 定價結算，則 e 貶值，即 s_{ek} 變大將增加出口商出售單位 z 而獲得的以 e 貨幣計算的收益。當匯率波動帶來更高的邊際收益時，即 $[s_{ek} - \lambda q_{ed}^k]c_d > 0$，出口商的預期收益將會增加。

出口商以式（2-1-4）為目標函數制定結算貨幣決策，由於 s_{ek}、c_d、w_e、p_d 和 s_{ed} 對單個企業來說都是外生給定的，因此其決策變量是 e, d, v 三種貨幣的比重組合。假設 e 國出口商出口其商品 z 到 d 國進口商所選擇的三種計價結算貨幣的權重組合分別為 β_d^d、β_d^v 和 $1-\beta_d^d-\beta_d^v$。貨幣 e 和貨幣 d、v 的匯率具備線性關係：

$$s_{ek}=\beta_d^d s_{ed}+\beta_d^v s_{ev} \qquad 式（2-1-5）$$

有些產品以貨幣 d 計價結算，因此 d 國消費者對這些產品的貨幣支付不受匯率波動影響。有些產品以貨幣 e 計價結算，以貨幣 d 支付的 d 國消費者則會因 s_{ed} 的波動而承受不同的購買支出。e 升值，則消費者將支付更高的價格。剩下的產品以第三方貨幣 v 計價和結算，因此當 v 升值時，d 國消費者要支付更高的價格。

假設 e 的替代品以貨幣 d、e 和 v 計價結算的比重分別為 η_d^d、η_d^e 和 η_d^v。那麼匯率波動對替代品價格指數的影響可表示為：

$$p_d=-\eta_d^v(s_{ed}-s_{ev}) = -(1-\eta_d^d)s_{ed}+\eta_d^v s_{ev} \qquad 式（2-1-6）$$

聯立式（2-1-5）、式（2-1-6）式可以得到相對價格：

$$q_{ed}^k=(\beta_d^d-\eta_d^d)s_{ed}+(\beta_d^v-\eta_d^v)s_{ev} \qquad 式（2-1-7）$$

式（2-1-7）表明，要使相對價格完全固定，出口商應該選擇能完全及時反應行業價格指數的計價結算貨幣組合，應使 $\beta_d^d=\eta_d^d$，$\beta_d^v=\eta_d^v$。出口商選擇最大化預期利潤的計價結算貨幣組合，對式（2-1-4）兩邊分別取權重變量的一階導數：

$$\frac{\partial \pi_{ed}^k}{\partial \beta_c^{i=d,v}}=\frac{\lambda}{\lambda-\alpha(\lambda-1)}\left[E\left[s_{ek}-\lambda q_{ed}^k\right]\left[\frac{\partial s_{ek}}{\partial \beta_d^i}-\lambda\frac{\partial q_{ed}^k}{\partial \beta_d^i}\right]+E\left[\frac{\partial s_{ek}}{\partial \beta_d^i}-\lambda\frac{\partial q_{ed}^k}{\partial \beta_d^i}\right]c_d\right]$$
$$+\frac{\alpha(\lambda-1)}{\lambda-\alpha(\lambda-1)}\left[-\left(\frac{\lambda}{\alpha}\right)^2 E q_{ed}^k\frac{\partial q_{ed}^k}{\partial \beta_d^i}+\frac{\lambda}{\alpha}E\frac{\partial q_{ed}^k}{\partial \beta_d^i}w_e+\frac{\lambda}{\alpha^2}E\frac{\partial q_{ed}^k}{\partial \beta_d^i}c_d\right] \qquad 式（2-1-8）$$

對相對價格式（2-1-7）取貨幣權重的導數：

$$\frac{\partial s_{ek}}{\partial \beta_d^d},\frac{\partial q_{ed}^k}{\partial \beta_d^d}=s_{ed},\frac{\partial s_{ek}}{\partial \beta_d^v}=\frac{\partial q_{ed}^k}{\partial \beta_d^v}=s_{ev} \qquad 式（2-1-9）$$

聯立式（2-1-8）、式（2-1-9），有：

$$\frac{\partial \pi_{ed}^k}{\partial \beta_c^{i=d,v}}=\frac{-\lambda(\lambda-1)}{\lambda-\alpha(\lambda-1)}E\left[s_{ek}+\lambda\frac{1-\alpha}{\alpha}q_{ed}^k-m_{ed}\right]s_{ei} \qquad 式（2-1-10）$$

其中，$m_{ed}=w_e+\frac{1-\alpha}{\alpha}c_d$ 體現了 d 國的工資和需求變化。

令一階倒數等於 0，即可得到均衡解：

$\beta_d^d = \Omega \eta_d^d + (1-\Omega) \rho (m_{ed}, s_{ed})$

$\beta_d^v = \Omega \eta_d^v + (1-\Omega) \rho (m_{ed}, s_{ev})$ 式（2-1-11）

$\beta_d^e = 1 - \beta_d^d - \beta_d^v$

其中，$\Omega = \dfrac{\lambda(1-\alpha)}{\alpha + \lambda(1-\alpha)}$。式（2-1-11）中，$m_{ed}$ 體現了外生變量對出口商貨幣選擇的影響。$\rho(m_{ed}, s_{ed})$ 和 $\rho(m_{ed}, s_{ev})$ 反應出邊際成本 m_{ed} 對匯率 s_{ed} 和 s_{ev} 的敏感性。

式（2-1-11）表明出口商會選擇本國貨幣之外的幣種作為結算貨幣，基於兩個原因：羊群效應（Herding Effect）和套期保值。前者是出口商為了限制產品相對價格波動，選擇與競爭對手相同的計價結算貨幣，比如當其競爭者更多地使用 d 國貨幣時，即 η_d^d 較大，則出口商更多使用 d 國貨幣計價結算，即 β_d^d 較大；後者是套期保值動機，體現在 $(1-\Omega)\rho(m_{ed}, s_{ed})$ 和 $(1-\Omega)\rho(m_{ed}, s_{ev})$。出口商會選擇一種能限制邊際成本波動對其預期利潤削弱作用最小的一種貨幣。

Goldberg 和 Tille（2008）進一步選取 24 個國家的進出口貿易結算貨幣數據對上述推論進行實證檢驗，發現美元在美國雙邊貿易中是比重最大的結算貨幣。他們認為，宏觀經濟波動性和行業特性是影響結算貨幣選擇的重要原因，且高需求彈性行業的生產者在結算貨幣選擇上表現出明顯的「羊群」特徵，此時行業特性對出口商結算貨幣選擇的影響比宏觀經濟特徵更大。在一個產品高度替代的行業（比如農產品、礦產品），高度競爭的市場結構使廠商對價格波動特別敏感，為了不偏離行業競爭者價格，每個廠商都願意選擇同一種結算貨幣，久而久之，該行業就會出現一種主導性結算貨幣。某種貨幣匯率單獨波動對國際貿易結算貨幣的選擇影響不大，但匯率和出口商邊際成本的聯動性卻對此具有重要作用。

2.2　中國對外貿易結算貨幣選擇的匯率因素研究

在中國選擇對外貿易結算貨幣這一問題上，實務界人士最早關注匯率因素。1977年10月12日，從事進出口業務談判工作的金容年同志致信《國際貿易問題》期刊編輯部，指出中國應及時掌握外幣的浮動情況和趨勢，選擇有利於中國的進出口計價、結算貨幣。進出口貿易實務一般都盡可能地按照「付軟收硬」原則，選擇進出口結算貨幣，盡量避免承受匯率風險。總體而言，2005年7月人民幣匯改之前，中國實行事實上釘住美元的匯率政策，[①] 人民幣匯率波動不大，匯率不是中國外貿結算貨幣選擇的主要考慮因素。

在2009年之前，中國學者對如何推動人民幣成為對外貿易結算貨幣的研究還比較少，且大多停留在宏觀層面和定性分析階段，缺乏必要的理論基礎和數據支撐。2009年以來，人民幣國際化成為中國追求與自身經濟實力相匹配的國際戰略，越來越多的學者選取新視角、運用新方法研究人民幣匯率與人民幣國際化的相關問題。

[①]　雖然中國人民銀行宣布，中國從1994年1月1日開始實行以市場供求為基礎的、單一的、有管理的浮動匯率製度，但除了1994—1996年人民幣名義匯率由1美元=8.45元人民幣升值到1美元=8.3元人民幣以外，1997年以後，人民幣名義匯率保持了1美元=8.28元人民幣的雙邊名義匯率超穩定，學術界普遍認為人民幣在事實上實行了固定單一釘住美元的匯率製度。參考張斌. 人民幣匯率重估與匯率製度改革——基於均衡匯率理論的視角 [J]. 管理世界，2004 (3)：58-66.

2.2.1 定性分析

2005 年 7 月 21 日，中國啓動人民幣匯率改革，當天人民幣兌美元的名義匯率升值約 2%，此後，人民幣匯率進入升值快車道，這對習慣了人民幣匯率長期穩定的中國外貿企業而言，無非是個不小的衝擊和挑戰。中國學者也開始對中國對外貿易結算貨幣選擇的匯率因素展開研究，比如李丹兒（2005）在中國啓動人民幣匯率改革的新形勢下，分別從區域、途徑、範圍三個角度提出了分步驟推進人民幣成為對外貿易計價結算貨幣的可行方案。梅新育（2006）提出，境外人民幣存款量較小不利於人民幣的跨境使用，要穩步推行人民幣計價結算，必須大力拓寬人民幣流出渠道。

黃繼承（2009）認為，完善人民幣匯率形成機制，建立同人民幣區域化、國際化相匹配的匯率形成機制，是推動跨境貿易人民幣結算業務健康發展的核心基礎。中國應在保持人民幣幣值基本穩定的前提下，進一步提高人民幣匯率形成機制的市場化程度，增加人民幣匯率彈性，使人民幣匯率在合理區間內上下浮動，有升有降，打破對人民幣長期單邊升值的心理預期。

張大龍（2011）認為，中國人民幣匯率製度建設不完善是目前推動跨境貿易人民幣結算的主要障礙之一。人民幣匯率決定過程中，外生性因素太強，這也構成跨境貿易人民幣結算的一道「硬傷」。推動人民幣匯率製度改革，是推動跨境貿易人民幣結算業務發展的根本所在。

汪洋（2011）認為，在當前人民幣升值及其市場預期的經濟背景下，跨境貿易人民幣結算出現嚴重「跛足」現象，跨境貿易人民幣結算集中在中國進口業務，出口業務仍以美元結算為主，在這種情況下，中國政府大力推進跨境貿易以人民幣結算就使中國進出口企業同時面臨困境：一方面，提前簽訂人民

幣合同的國內進口企業無法利用人民幣升值減少實際支出；另一方面，提前簽訂美元合同的國內出口企業將因美元相對貶值而受損。此外，擴大人民幣結算比重雖然有助於減緩中國外匯儲備的增長速度，但與中國「穩出口」的宏觀經濟目標相衝突，同時也不利於提高中國出口競爭力。

宋敏、屈宏斌、孫增元（2011）指出，一國匯率製度與該國貨幣國際化似乎沒有必然聯繫，但匯率製度會影響國際貨幣的幣種數量，從而影響該國貨幣的流通領域。李婧（2011）認為，人民幣匯率穩定是穩步推進跨境貿易人民幣結算的重要因素。梅德平（2014）認為，貨幣匯率穩定和價值穩定是該貨幣成為國際貿易計價結算貨幣的基本保證。李長春（2014）認為，人民幣升值預期減弱是跨境貿易人民幣結算收付比快速上升的主要原因。

陳建、蔡伊鴿（2016）認為，2015 年 8 月 11 日「新匯改」是中國人民銀行啓動人民幣匯率市場化改革的又一重要舉措，這有利於開展基於真實貿易或投資需求的跨境人民幣業務，提高人民幣國際化程度。

2.2.2 實證分析

董有德、王開（2010）基於全球 41 個國家 1992—2007 年的面板數據模型，從出口國貨幣、進口國貨幣和媒介貨幣計價結算三個視角進行實證研究，他們發現，除了匯率製度、貨幣的可兌換性等製度變量外，匯率波動性、進出口貿易規模、方向和結構也是影響結算幣種選擇的關鍵因素。

羅忠洲、徐淑堂（2012）通過引入貿易國利差變量拓展了 Goldberg 和 Tille（2008）的模型，得出「出口商傾向於選擇利率高、預期將升值的貨幣作為計價貨幣」的推論。他們假設本國（A 國）出口商生產 z 商品，出口至外國（B 國）。出口商在

生產 z 商品時只有一種要素投入——勞動力 L，且其生產函數為：

$$Q_{AB}(z) = \frac{1}{\alpha} [L_{AB}(z)]^{\alpha}, \quad 0<\alpha<1$$

其中，$Q_{AB}(z)$ 是品牌 z 的商品產出，$L_{AB}(z)$ 為生產 z 的勞動投入數量，α 表示規模報酬參數。出口商面臨的來自 B 國的需求函數為：

$$D_B(z) = \left[\frac{P_{AB}(z)}{P_B}\right]^{-\lambda} C_B, \quad \lambda>1$$

其中，$P_{AB}(z)$ 為 A 國所生產 z 品牌商品以 B 國貨幣表示的價格；P_B 表示在 B 國出售的 z 品牌所屬系列各種差異產品以 B 國貨幣表示的價格指數；λ 表示同一產品系列不同品牌之間的替代彈性，λ>1 表明這些差異產品之間具有高度替代性；C_B 表示 B 國對這種產品的總需求。

假設出口商對市場衝擊擁有完全的信息。在市場衝擊發生前，出口商所生產的 z 品牌商品以貨幣 k 定價，記為 $P_{AB}^k(Z)$，k 可以是出口方貨幣或進口方貨幣，並通過對不同計價貨幣的選擇達到利潤最大化目標。由於匯率具有不確定性，廠商使用不同貨幣的理論只能是基於決策時點的期望值：

$$\prod_{AB}^k = E\left\{S_{Ak}P_{AB}^k\left[\frac{S_{Ak}P_{AB}^k}{S_{AB}P_B}\right]^{-\lambda} C_B I_{Ak} - W_A(\alpha)^{\frac{1}{\alpha}}\left[\left(\frac{S_{Ak}P_{AB}^k}{S_{AB}P_B}\right)^{-\lambda} C_B\right]^{\frac{1}{\alpha}}\right\}$$

式（2-2-1）

其中，S_{Ak} 是在直接標價法下出口方貨幣對計價貨幣的匯率水平；W_A 是 A 國的名義工資水平；$I_{AK} = 1+R_A+\eta(R_A-R_k)$，$R_A$、$R_k$ 分別表示 A 國和貨幣 k 發行國的利率水平，η<0 表示出口商收入對 A 國和貨幣 k 發行國利率差的反應程度。

期望利潤函數的決策變量是 P_{AB}^k，因此取期望利潤函數對 P_{AB}^k 的偏導數，得到期望利潤最大化的一階條件為：

$$\frac{\partial \Pi}{\partial P_{AB}^{k}} = E\left[(1-\lambda)(S_{Ak})^{1-\lambda}(S_{AB}P_{B})^{\lambda}(P_{AB}^{k})^{-\lambda}C_{B}I_{Ak} + \frac{\lambda}{\alpha}W_{A}\right.$$
$$\left.(\alpha)^{\frac{1}{\alpha}}(S_{Ak})^{-\frac{\lambda}{\alpha}}(S_{AB}P_{B})^{\frac{\lambda}{\alpha}}(P_{AB}^{k})^{-\frac{\lambda}{\alpha}}C_{B}^{\frac{1}{\alpha}}\right] = 0$$

由於出口商對市場衝擊擁有完全的信息，所以 P_{AB}^{k} 是確定性變量，上式可進一步整理得：

$$(P_{AB}^{k})^{1-\lambda}E\left[(S_{Ak})^{1-\lambda}(S_{AB})^{\lambda}C_{B}I_{Ak}\right]$$
$$= \frac{\lambda \alpha^{\frac{(1-\alpha)}{\alpha}}}{\lambda-1}(P_{AB}^{k})^{-\lambda/\alpha}E\left[W_{A}(P_{B})^{\lambda/\alpha}(C_{B})^{1/\alpha}(S_{Ak})^{-\lambda/\alpha}(S_{AB}^{\lambda/\alpha})\right]$$
式（2-2-2）

結合式（2-2-2）對式（2-2-1）在穩態點上進行對數標準化，可得：

$$\pi_{AB}^{k*} = \frac{\lambda}{\lambda-\alpha(\lambda-1)}\{(1-\lambda)Es_{Ak}^{*} + \lambda Es_{AB}^{*} + \lambda Ep_{B}^{*} + \frac{1}{\alpha}Ei_{Ak}^{*}$$
$$+ \frac{1}{2}E[(1-\lambda)s_{Ak}^{*} + \lambda s_{AB}^{*} + \lambda p_{B}^{*} + c_{B}^{*} + i_{Ak}^{*}]^{2}\} - \frac{\alpha(\lambda-1)}{\lambda-\alpha(\lambda-1)}$$
$$\{Ew_{A}^{*} - \frac{\lambda}{\alpha}Es_{Ak}^{*} + \frac{\lambda}{\alpha}Ep_{B}^{*} + \frac{1}{\alpha}Ec_{B}^{*} + \frac{1}{2}E[w_{A}^{*} - \frac{\lambda}{\alpha}s_{Ak}^{*} + \frac{\lambda}{\alpha}s_{AB}^{*} + \frac{\lambda}{\alpha}$$
$$P_{B}^{*} + \frac{1}{\alpha}c_{B}^{*}]^{2}\} \qquad \text{式（2-2-3）}$$

在式（2-2-3）中有兩點需要做出說明：第一，在對數標準化過程中，I_{Ak} 的穩態點賦值為1，於是 $i_{Ak}^{*} = lnI_{Ak} = ln[1+R_{A}+\eta(R_{A}-R_{B})]$，根據等價無窮小的微積分原理可知，$i_{Ak}^{*} \approx R_{A}+\eta(R_{A}-R_{B})$；第二，式（2-2-3）中 p_{AB}^{k*} 未包含在標準化展開式內，這是因為出口商根據一階條件式（2-2-2）已經確定了 P_{AB}^{k}，所以 P_{AB}^{k} 的穩態值就是均衡值，於是有 $P_{AB}^{k*} = 0$。關於第二點說明，我們也可以這麼理解：出口廠商根據參數變量來設定最佳定價方式以使預期利潤最大化，因此預期利率的優值函數就應該只是這些參數變量的函數，而不包括定價方式的選擇。

令 $\zeta_{AB} = \pi_{AB}^B - \pi_{AB}^A$，那麼當 $\zeta_{AB} > 0$ 時，出口廠商就會選擇以進口方貨幣結算；當 $\zeta_{AB} \leq 0$ 時，出口廠商會選擇以本國貨幣結算。結合式（2-2-3），可得：

$$\zeta_{AB} = \pi_{AB}^B - \pi_{AB}^A = \frac{\lambda}{\lambda - \alpha(\lambda-1)} ER_{AB} + \frac{\lambda}{\lambda - \alpha(\lambda-1)} E[(\lambda p_B^* + c_B^* + R_A) R_{AB}] + \frac{\lambda}{2[\lambda - \alpha(\lambda-1)]} E(R_{AB}^2) + \frac{\lambda}{\lambda - \alpha(\lambda-1)} E(s_{AB}^* R_{AB}) + \frac{\lambda(\lambda-1)}{2\alpha} \cdot \frac{\alpha(\lambda+1) - \lambda}{\alpha(\lambda-1) - \lambda} E(s_{AB}^{*2}) + \frac{\lambda(1-\lambda)}{\lambda - \alpha(\lambda-1)} E\left\{ s_{AB}^* \left[\frac{\alpha-1}{\alpha}(\lambda p_B^* + c_B^*) - w_A^* + R_A \right] \right\}$$

式（2-2-4）

由於 R_{AB}、R_A 和 s_{AB}^* 在數值上遠遠小於 p_B^*、c_B^* 和 w_A^*，為了簡化式（2-2-4），我們可以通過剔除 R_{AB}、R_A 和 s_{AB}^* 的平方項和二次項得到 ζ_{AB} 的近似表達式：

$$\zeta_{AB} \approx \frac{\lambda}{\lambda - \alpha(\lambda-1)} E[(1 + \lambda p_B^* + c_B^* + R_A) R_{AB}] + \frac{\lambda(1-\lambda)}{\lambda - \alpha(\lambda-1)} E\left\{ s_{AB}^* \left[\frac{\alpha-1}{\alpha}(\lambda p_B^* + c_B^*) - w_A^* \right] \right\}$$

式（2-2-5）

由於 $0 < \alpha < 1$，$\lambda > 1$，因此 $\frac{\lambda}{\lambda - \alpha(\lambda-1)} = \frac{\lambda}{\lambda(1-\alpha) + \alpha} > 0$ 且 $\frac{\lambda(1-\lambda)}{\lambda - \alpha(\lambda-1)} < 0$。由於 $1 + \lambda p_B^* + c_B^* + R_A > 0$，所以在其他條件不變的情況下，$R_{AB} = \eta(R_A - R_B)$ 越大時，ζ_{AB} 的近似值就越大。由於 $\eta < 0$，因此 $R_A - R_B < 0$，且 B 國利率越高於 A 國利率時，ζ_{AB} 的近似值就越大，出口商採用 B 國貨幣結算的預期利潤就越高。由於 $\frac{\alpha-1}{\alpha}(\lambda p_B^* + c_B^*) - w_A^* < 0$，因此在其他條件不變的情況下，$s_{AB}^*$ 越大，ζ_{AB} 的近似值就越大，A 國貨幣對 B 國貨幣的貶值程度越高，出口商採用 B 國貨幣結算的預期利潤也越高。

综上所述，在其他條件不變的情況下，出口商傾向於選擇利率較高、匯率升值的貨幣作為計價貨幣，並且這種傾向隨著差異產品替代彈性的增加而更為明顯。換言之，如果出口商面臨的市場競爭越激烈，出口商就更傾向於選擇利率更高、匯率升值的貨幣作為結算貨幣。此外，$\lim_{\lambda \to 0} \varsigma_{AB} = 0$，這表明，出口商的壟斷能力越強，那麼越可能通過無套利原則實現預期利潤的最大化，從而使其在結算貨幣的選擇上擁有更多主動權。

羅忠洲、徐淑堂（2012）進一步選取1984—2009年日元計價貨幣選擇的時間序列數據進行實證分析，結果表明，日元對美元名義匯率每升值1個百分點，日本出口貿易中以日元結算的比例將上升0.234,3個百分點；日本出口企業競爭力每提高1個百分點，日本出口貿易中以日元結算的比例將上升0.058,9個百分點；日本利率比美國利率每低1個百分點，日本出口貿易中以日元結算的比例將下降0.183,3個百分點。最後，他們提出，提高中國出口企業的產品競爭力，保持人民幣持續升值的趨勢、繼續實行相對穩健的貨幣政策有助於推進跨境貿易人民幣結算。

肖鷂飛、肖婧瑩（2012）通過建立局部均衡和一般均衡分析框架，以日元結算為案例，得出國際貿易結算貨幣選擇的影響因素有：出口國經濟實力、出口世界份額、出口品差異程度、匯率穩定性、貨幣兌換交易成本、貨幣使用慣性和政治軍事地位等。

陶為群、曹清、束斌（2012）隨機抽取了江蘇截至2012年3月底已發生人民幣出口業務的96個生產企業，以問卷的形式收集一手數據，並建立二元變量probit模型以探尋影響江蘇生產企業選擇以人民幣計價出口的因素。實證研究表明，中國出口方若是跨國公司關聯企業或加工企業，則更傾向於使用人民幣計價結算；如果出口目的地是發達國家，使用人民幣計價結算

的意願將會減弱；出口競爭力和貿易夥伴類型對中國出口企業是否選擇以人民幣計價結算沒有顯著影響。

周先平、李標、冀志斌（2013）採用隨機波動的時變系數結構向量自迴歸模型（SV-TVP-SVAR），討論了匯率變動傳遞效應的時變特徵，發現人民幣計價結算能夠在一定程度上緩解匯率變動對價格、出口和產出的衝擊，人民幣計價結算背景下實行更加彈性的匯率製度是可行的。

王瓊、張悠（2013）運用主成分分析法研究跨境貿易人民幣結算的影響因素。他們研究發現，中國對外貿易規模、人民幣匯率升值預期、金融市場特別是離岸市場的發展及政策頒布有利於提高跨境貿易人民幣結算額；國內通貨膨脹水平和產業內貿易水平不利於跨境貿易人民幣結算額的提升。

袁申國、徐冬梅（2014）對人民幣升值背景下跨境貿易人民幣結算的影響因素進行實證分析。他們以 2010 年 7 月到 2013 年 3 月的數據為樣本，構建向量自迴歸模型，結果顯示，人民幣持續升值能促進跨境貿易人民幣結算的增長。

石立帥（2014）運用向量自迴歸模型，選取 2010 年 1 月至 2013 年 12 月的數據作為樣本，考察了跨境貿易人民幣結算量波動和人民幣匯率波動的互動關係。研究結果表明，長期來看，匯率波動對跨境貿易人民幣結算量波動具有正向促進作用，跨境貿易人民幣結算量波動是匯率波動的單向 Granger 原因。此外，沙文兵和劉紅忠（2014）通過構建遞歸 SVAR 計量模型得出人民幣國際化、匯率預期和匯率波動之間存在互動關係的結論。Lardy 和 Douglass（2011）、潘大洋（2016）、張志敏和周工（2016）等學者則實證驗證了跨境貿易人民幣結算業務增長給人民幣離岸市場帶來了更大的升值壓力。

匯率波動對貨幣國際化程度的影響似乎具有視界差異。趙然（2012）運用美元、英鎊和日元等主要國際貨幣發行國的面

板數據，建立 DGMM 和 SGMM 計量經濟模型，實證研究了匯率波動、經濟實力、金融市場發展、貨幣慣性等關鍵因素對貨幣國際化的影響。結果表明，當實體經濟發展到一定階段之後，匯率波動不再顯著影響貨幣國際化程度，而對內幣值波動和貨幣慣性的影響依然明顯；金融市場的發展會逐漸替代實體經濟成為貨幣國際化的槓桿式推動力量。

2.3 評論與啟示

2.3.1 評論

早期的經驗法從經濟數據著手，提煉出一般規律，並賦予理論解釋，雖然處理方法比較粗糙，但是開創了一個新的國際貿易研究領域，吸引後續學者不斷對國際貿易結算貨幣選擇的有關問題展開更為細緻的研究。早期文獻通常簡單假定出口商更願意以本國貨幣定價以避免價格波動，近期學者則通過建立理論模型，研究微觀行為主體在價格或銷量不確定情形下如何做出符合自身利益最大化的結算貨幣選擇。經過學者們四十多年的不懈研究和探索，國際貿易結算貨幣選擇理論已成為國際貿易領域富有生命力的分支，為後人累積了大量研究成果，提供了有益思考和借鑑。

在很長一段時期內，有關跨境貿易結算貨幣選擇問題的研究大多集中在發達國家和地區，直到 Goldberg 和 Tille（2005）才首次將研究對象擴大到發展中國家。與以往單純從宏觀層面進行定性研究不同，近幾年中國學者的研究無論在視角、方法、結論上都更為新穎、細緻和嚴謹，切實幫助我們進一步釐清人民幣匯率變動和跨境貿易人民幣結算之間的內在關係，為人民

幣國際化戰略提供理論和實踐指導。

　　雖然國內外學界在匯率變動如何影響貨幣結算功能這一問題上已取得了豐碩的成果，但仍然存在一些問題，具體表現在：

　　其一，樣本數據容量太小。由於缺乏樣本數據，在 Kamps（2006）之前，只有少數運用計量方法研究計價貨幣的文章（Donnenfeld and Haug, 2003；Wilander, 2004；Silva, 2004；Goldberg and Tille, 2008）。Goldberg 和 Tille（2008）樣本容量太少，只有 16 或 23 個，而估計參數個數有 7~8 個，這可能會削弱估計參數的有效性。

　　其二，計量模型的變量可能存在測量誤差。比如，在羅忠洲、徐淑堂（2010）的實證模型中，解釋變量只包含匯率、出口競爭力、利率差變量，沒有引入其他研究中發現的重要控制變量，可能會產生遺漏變量的問題；用日本出口貿易額占世界貿易總額的比重衡量日本出口競爭力不符合樣本維度的統一，筆者認為更合理的指標應該是，日本對美國出口貿易額占美國進口總額的比重，用以衡量日本對美國出口競爭力。陶為群、曹清、束斌（2012）的所有變量都是定性變量，測量過於粗糙，很可能存在較大誤差。

　　其三，變量維度不匹配。比如，羅忠洲、徐淑堂（2010）利率差變量選擇的參照國是美國，那麼被解釋變量「日本出口貿易中日元結算的比例」就不合理，應該是「日本出口美國的貿易中以日元結算的比例」，否則就產生了變量之間考察範圍的不匹配，從而可能得到有偏頗的結論。

　　其四，名義匯率在解釋國際貿易相關問題時具有不穩健性（Alicia Garcia-Herrero 和 Tuuli Koivu, 2009），使用實際匯率變量將得到更穩健和精確的結論。但是，已有研究大多考察名義匯率變量對結算貨幣選擇的影響，這可能使研究結論對樣本對象、樣本區間、行業地區具有高度敏感性，削弱了所得結論的

說服力和可信度。

2.3.2 啟示

（1）匯率波動是國際貿易結算貨幣選擇理論產生和發展的直接原因。布雷頓森林體系解體打破了國際貿易原有的固定匯率環境，匯率成為影響國際貿易的重要因素，結算貨幣選擇也直接關係到一國對外貿易利益的實現。

（2）一般而言，如果壟斷廠商面臨的出口需求價格彈性較小，那麼他將使用本幣進行計價結算以規避匯率波動風險；當壟斷廠商面臨較大的出口價格彈性時，他將選擇進口方貨幣進行計價結算。「馬歇爾-勒納條件」揭示了匯率、價格彈性與貿易量的內在關係，匯率的價格傳遞效應則更深入地表明了匯率、商品價格和出口競爭力的動態關係。

（3）結算貨幣選擇會直接影響匯率的價格傳遞效應（Pass Through Effects）和支出轉換效應（Expenditure Switching Effects），進而影響貿易量和經濟利潤。以出口方貨幣結算具有完全的價格傳遞效應，會產生支出轉換效應；在以進口方貨幣結算下，商品價格以進口方貨幣預先確定，名義匯率變動完全沒有傳遞效應和支出轉移效應。

（4）以出口方貨幣結算原則因為匯率存在支出轉換效應而得出「浮動匯率制優於固定匯率制」的結論，最優貨幣政策應該能使匯率成為反應實際經濟變化的一個替代價格自由浮動的工具；以進口方貨幣結算原則因為匯率不存在價格傳遞效應而得出「固定匯率制優於浮動匯率制」，貨幣政策和匯率政策可以相對獨立。市場最終選擇以出口方貨幣結算或以進口方貨幣結算，可以給一國匯率政策提供啟示。

（5）中國不少傳統企業患有「匯率浮動恐懼症」（fear of floating），而中國政府出於內外經濟均衡的考慮，堅持按照「漸

進性、主動性和可控性」原則有序推動人民幣匯率市場化改革，跨境貿易人民幣結算製度協調二者利益有助於協調政府管控目標和市場化目標之間的矛盾。傳統企業可以充分利用人民幣結算鎖定匯率風險，與此同時，中國貨幣管理當局也可以通過開展跨境貿易人民幣結算倒逼人民幣匯率市場化改革。當然，這兩個目標的實現，還需要倚賴其他條件，需要各界展開深入研究，這也是本書的研究要義所在。

3 跨境貿易人民幣結算發展歷程及啟示

3.1 跨境貿易人民幣結算的定義

2009年中國政府積極主動推行跨境貿易人民幣結算，國內許多學者對此寄予厚望，將跨境貿易人民幣結算視為人民幣國際化的突破口、基石和重中之重（張大龍，2011；汪洋，2011）。但是，發揮人民幣在跨境貿易結算中的作用，主要是促進人民幣在中國對外貿易中發揮載體貨幣功能，它只是人民幣支付結算功能在地域上的延伸（李婧，2011）。因此，從貨幣職能的角度上看，跨境貿易人民幣結算下的人民幣國際化，只是人民幣交易媒介功能的國際化，在計價單位和價值儲藏方面的國際化甚至還未起步。

人民幣計價和結算功能不可混為一談，[①] 一種貨幣要真正實現國際化，切實享受成為國際貨幣的益處，更重要的是成為計價貨幣而非僅僅是結算貨幣（汪洋，2011）。跨境貿易人民幣結

---

① 貨幣結算功能實際上就是指貨幣的支付媒介功能。下文在引用學者觀點時，不再特別說明。

算實際上只涉及貨幣的交易媒介功能,然而,中國學者在論述相關問題時,往往不對貨幣的結算功能和計價功能做出嚴格區分,甚至認為計價功能在層級路徑上優先於結算功能,比如,仇榮國、陳思賢(2012)認為,開展跨境貿易人民幣結算標誌著人民幣正式成為一種國際結算計價貨幣;王盛恩(2010)認為,實行跨境貿易人民幣結算表明人民幣已經從計價貨幣提升至結算貨幣。正是因為不少學者混淆了貨幣的結算功能和計價功能,才會對跨境貿易人民幣結算做出不同的定義,例如:

黃繼承(2009)認為,跨境貿易人民幣結算是指,在國際貿易中以人民幣執行計價和結算的貨幣職能,具體表現為進出口合同以人民幣計價,居民與非居民可以相互使用人民幣支付貿易貨款和服務費用,並且允許非居民持有人民幣存款帳戶。

王盛恩(2010)認為,跨境貿易人民幣結算是指,將人民幣直接使用於國際交易,進出口均以人民幣計價和結算,居民可向非居民支付人民幣,允許非居民持有人民幣存款帳戶。

晏玲菊(2009),趙越(2010),仇榮國,陳思賢(2012)認為,人民幣用於國際結算,即人民幣在國際貿易中執行計價和結算的貨幣職能,允許進出口企業以人民幣計價結算,居民可以向非居民支付人民幣,允許非居民持有人民幣存款帳戶以便進行國際結算。

王瓊、張悠(2013)認為,跨境貿易人民幣結算是指,人民幣在跨境貿易中執行計價和結算的貨幣職能,即進出口企業在開展貨物貿易並以人民幣計價進行跨境對外收付時,商業銀行為其提供的採用人民幣作為跨境結算貨幣的國際結算業務。

從上述學者對跨境貿易人民幣結算的定義可知,相當部分的學者對貨幣結算功能和計價功能的理解不夠清晰,這不僅不利於明確研究範圍,而且容易造成邏輯思路的混亂。雖然貨幣不同職能之間可以相互促進,貨幣在一種職能上發揮好作用,

可以對其他職能產生正外部性（Pollard，2001），但作為嚴謹的學術研究，我們有必要對貨幣職能加以嚴格區分。結合《跨境貿易人民幣結算試點管理辦法實施細則》（銀發〔2009〕212號）第二條有關細則適用範圍的解釋，① 本文對跨境貿易人民幣結算的定義如下：

跨境貿易人民幣結算是指，人民幣在國際貿易中執行支付媒介（或結算工具）的貨幣職能，允許進出口企業以人民幣結算，居民可以向非居民支付人民幣，允許非居民持有人民幣存款帳戶以便進行國際結算。開展跨境貿易人民幣結算是人民幣國際化的起步階段，其目標是人民幣成為國際貿易的主要結算貨幣，並推動人民幣在國際市場上履行計價單位和價值儲藏功能。

3.2 新中國成立以來跨境貿易人民幣結算發展歷程

作為全球最大的出口貿易國，卻仍然使用他國貨幣作為主要貿易結算貨幣，這在人類經濟史上是絕無僅有的，而中國正是這絕無僅有的國家（宋敏、屈宏斌、孫增元，2011）。然而，縱觀新中國成立至今六十多年的對外經貿史，我們不難發現，中國在不同歷史時期曾多次根據客觀經濟發展需要，推行具有不同目標和內容的跨境貿易人民幣結算政策。根據中國跨境貿易人民幣結算實踐，跨境貿易人民幣結算發展歷程可劃分為四

---

① 《跨境貿易人民幣結算試點管理辦法實施細則》第二條的內容為：「試點地區的企業以人民幣報關並以人民幣結算的進出口貿易結算，適用《辦法》及本細則。」

個階段。

3.2.1　試行人民幣計價結算階段：20 世紀 60 年代末至 70 年代末

1950 年 12 月，美國非法凍結中國在美國的資產後，中國的進出口貿易停止使用美元。20 世紀 60 年代，中國對資本主義國家的進出口收付匯以使用英鎊為主，占到半數以上，其次是港幣；對蘇聯等社會主義國家用盧布進行記帳結算。20 世紀 60 年代末期到 70 年代初，世界各國雖然仍然在布雷頓森林體系下維持固定匯率制，但是布雷頓森林體系難以解決「特里芬難題」，使得以美元為中心的西方貨幣劇烈動盪，[①] 最終導致世界貨幣危機的爆發和布雷頓森林體系的瓦解。1967 年 11 月，英鎊大幅貶值，由此引起連鎖反應，約有 30 個國家和地區的貨幣隨同貶值。

面對西方愈演愈烈的貨幣危機，為了減少外匯風險，保護國家利益，中國積極組織相關金融機構研究應對措施。中國銀行於 1968 年 3 月提出對港澳地區進出口貿易試行使用人民幣計價結算的建議。1968 年 4 月 12 日，國務院批准決定在 1968 年春季廣州交易會開始對港澳地區試行人民幣計價結算。試行人民幣計價結算的目的，主要是對中國的出口收匯進行保值，避免和減少由於外幣貶值造成中國的外匯損失。但是，內地對香港地區出口改以人民幣計價結算後，港商就要按內地的銀行牌價用外幣換購人民幣來付款，港商承擔了匯價風險，影響了貿易進行。為了解決此矛盾，中國銀行經過研究，在實際推行中

[①] 「特里芬難題」內容可參考 Rhomberg, R. R. The Once and Future SDR? In Michael Mussa, James M. Boughton, Peter Isard eds., the Future of the SDR [M]. Washington D. C: International Monetary Fund, 1996.

採取預購人民幣和預約遠期人民幣的辦法，化解了這一矛盾。

隨後，人民幣計價結算試點範圍逐步擴大到西歐國家。從1969年廣州春季交易會開始，中國對遠洋出口貿易也試用人民幣計價結算，先從英國開始，僅天津口岸就做了17筆，中國與西歐國家貿易以人民幣計價結算基本順利。在1969年廣州交易會秋交會上，中國進一步對英國、法國、瑞士、聯邦德國的進出口貿易試用人民幣計價結算。對歐洲國家貿易使用人民幣計價結算，由中國銀行倫敦分行辦理結算，出售人民幣和吸收人民幣存款。

周恩來對人民幣計價結算工作十分支持，並多次提出指示，「人民幣並不出國，即使在港澳，人民幣也不在那裡流通」，「中國對英、法、瑞士、聯邦德國等資本主義國家的貿易試用人民幣計價結算，這是一個勝利。我們不是要把人民幣打出國去。我們的人民幣是有信用的，是穩定的，能使用人民幣結算，這是社會主義建設的成果，是值得鼓舞的」。

到了1973年，使用人民幣計價結算的國家和地區達到63個，1976年進一步增加到120個。使用人民幣計價結算的成交額也有很大增長，1970年廣州交易會上，出口人民幣成交額為5億到6億元，1973年春、秋兩屆交易會上，出口人民幣成交額達到24億元以上。

試用人民幣計價結算，從試點、推行、到1976年整整經歷九個年頭。中國這個階段試行人民幣計價結算，不是使人民幣在國際上流通使用，人民幣仍舊不準攜帶出境，不具備國際支付或儲備功能。在當時國際金融劇烈動盪，國際貨幣固定匯率制走向崩潰的情況下，中國對外使用人民幣計價結算，是當時所能採取的較有利的選擇，避免和減少了中國外匯風險，在出口收匯上起到了保值作用，提高了人民幣在國際上的信譽（李旸，2012）。

3.2.2　邊境貿易本幣結算階段：20世紀90年代初至今

改革開放之初中國外匯儲備增長緩慢，受「出口創匯」政策的指導，20世紀70年代末和80年代初，人民幣計價結算逐步退出歷史舞臺，美元在中國對外貿易結算貨幣占據絕對主導地位。1990年之後，除1993年因進口增長較快出現貿易逆差外，中國進入持續增長的貿易順差階段，從根本上扭轉了中國外匯短缺的局面。1996年11月，中國的外匯儲備首次突破1,000億美元大關，國家在20世紀90年代初期適時將「創匯為主」調整為「創匯和效益並重」方針。

20世紀90年代初，中國政府在進一步鞏固沿海地區對外開放成果的基礎上，逐步加快推進中西部地區對外開放，相繼開放了一批沿邊城市、長江沿岸城市和內陸城市。為發展同周邊國家的經濟技術合作，繁榮少數民族地區經濟，1992年國務院開放了東北、西南和西北地區13個沿邊城市，允許其興辦邊境經濟合作區，總規劃面積達77.45平方千米。邊境貿易由原來的邊民互市、邊境民間交易和邊境地方政府貿易三種初級貿易形式發展為邊境貿易和邊境經濟技術合作相結合的更高級的經貿合作形式。1992年1—9月，全國邊境貿易總額11.86億美元，同比增長122.3%，這僅是官方統計的數字，實際增長遠不止於此（王國言、孫博，1994）。

在計劃經濟時期，中國和邊境國家的貿易多採用協定貿易形式（王國言、孫博，1994），這是因為人民幣和這些國家的貨幣都不是可自由兌換貨幣，為了節約外匯支出，各國共同協商採取記帳貿易形式。20世紀90年代，中國經濟飛速發展，對外貿易地位不斷提高，而與中國接壤的邊境國家大多經歷內戰、政體劇變、惡性通貨膨脹、經濟停滯不前等困境，其主權貨幣購買力很低，普遍喪失貨幣信用，因此中國與有關鄰國在邊境

貿易中開始使用人民幣進行結算，此時邊境貿易人民幣結算完全是一種市場自發行為。

邊境貿易發展初期，人民幣大量流往邊境地區的現象曾一度引起人們的擔憂，被視為大患。但絕大多數學者認為，人民幣成為邊境貿易計價結算貨幣，影響積極，具體表現在：①人民幣計價結算克服了記帳貿易和易貨貿易因商品種類、金額、時間、地點等不同而帶來的種種不便；②中國與邊境國家經濟有很強的互補性，人民幣回流不會對中國經濟造成過大衝擊；③在一定時期內輸出人民幣實際上等於周邊國家企業、居民向中國提供相應數額的無息商品貸款；④消化了中國在產業結構和產品結構調整過程中的不利因素，為中國經濟結構調整提供了更多的時間；⑤減少雙邊貿易商面臨的匯率風險，直接促進了邊境貿易的進一步發展。隨著中國邊境貿易的迅速發展，為規範中國邊境貿易人民幣結算行為、促進中國同邊境國家貿易和投資便利化，1993年之後，中國人民銀行陸續與越南、蒙古、老撾、尼泊爾、俄羅斯、吉爾吉斯斯坦、朝鮮、哈薩克斯坦8個國家的中央銀行簽訂雙邊貿易本幣結算協定，允許在中國與周邊國家的邊境貿易結算中使用雙方本幣或人民幣。

這個階段中國簽署雙邊貿易本幣結算協定的背景大致可歸為兩類：第一類是人民幣在邊境地區已被廣泛接受，開始承擔著邊貿支付和貨幣結算的職能，中國與越南、蒙古、老撾、尼泊爾和朝鮮簽署的協定屬於此類；第二類是人民幣在對方國家被廣泛接受的基礎並未形成，但雙方從便利和促進邊境貿易出發，願意推動銀行本幣結算業務，中國與俄羅斯、吉爾吉斯斯坦、哈薩克斯坦簽署的協定屬於此類（呂棟、汪昊，2012）。[①]

當然，在中國和邊境國家開展邊境貿易本幣結算業務的過

---

① 呂棟，汪昊. 雙邊本幣結算模式與發展 [J]. 中國金融，2012（4）.

程中也面臨以下問題：①銀行結算渠道不暢，造成這種狀況的主要原因是代理行營業網點少、邊境國家的銀行信用水平低、來自地攤銀行的競爭激烈等；②人民幣結算核銷製度阻礙了邊境貿易的發展；③人民幣在邊境地區流通過程中出現監管難題。針對這些問題，中國和邊境國家方面共同努力，通過增設在對方的代理行營業網點、調整邊境貿易人民幣結算核銷製度①、加強數據統計和人民幣流動監管等措施，有效解決了上述問題。

2003年12月，財政部與國家稅務總局聯合發布《以人民幣結算邊境小額貿易出口貨物試行退（免）稅的通知》，決定2004年1月1日起在雲南試點邊境小額貿易出口貨物以人民幣結算退（免）稅政策；2010年4月，兩部門又聯合下發《關於邊境地區一般貿易和邊境小額貿易出口貨物以人民幣結算準予退（免）稅試點的通知》，將試點政策擴大到邊境省份、自治區與接壤毗鄰國家的一般貿易，這些政策大力推動了邊境貿易人民幣結算業務的健康穩定發展。邊境貿易本幣結算協定簽訂的二十多年來，中國已成為邊境國家最重要的貿易夥伴之一（見表3-1），不斷夯實人民幣結算的貿易基礎，邊境貿易人民幣結算穩步發展（見表3-2）。

---

① 例如，2003年國家外匯管理局出抬《關於境內機構對外貿易中以人民幣作為計價貨幣有關問題的通知》明確提出：「境內機構簽訂進出口合同時可以採用人民幣作為計價貨幣。」同年發布《邊境貿易外匯管理辦法》強調，「邊貿企業或個人與境外貿易機構進行邊境貿易時，可以用可自由兌換貨幣、毗鄰國家貨幣或者人民幣計價結算，也可以用易貨的方式進行結算」，從而解決了邊貿使用人民幣結算及進出口核銷問題。

表 3-1　2014 年中國在相應國家對外貿易夥伴的排名情況

	中國在相應國家進口貿易夥伴的排名和份額	中國在相應國家出口貿易夥伴的排名和份額
越南	1（27.9%）	4（10.0%）
蒙古	1（33.1%）	1（87.8%）
老撾	N. A.	N. A.
尼泊爾	2（9.4%）	4（2.3%）
俄羅斯	2（16.9%）	2（6.8%）
吉爾吉斯斯坦	2（23.9%）	—
朝鮮	N. A.	N. A.
哈薩克斯坦	3（17.9%）	2（12.5%）

註：符號「—」代表中國在相應國家的進口或出口排名在第 5 名以上；符號「N. A.」表示相應數據缺失。

數據來源：世界貿易組織網站

表 3-2　2006 年中國和周邊國家貿易以人民幣結算的比重（%）

國別	越南	緬甸	蒙古	朝鮮	哈薩克斯坦	尼泊爾	俄羅斯
比重	96	90	71	79	0.002	5.43	0.002

資料來源：李東榮. 人民幣跨境計價結算：問題與思路［M］. 北京：中國金融出版社，2009：14.

2008 年國際金融危機之後，中國邊境各國貨幣對美元匯率大幅貶值，且動盪劇烈，相比之下，人民幣匯率保持穩定，中亞各國、東南亞國家紛紛表露「去美元化」意向，這為人民幣在邊境地區鞏固和開拓結算功能提供了歷史機遇。2010 年 10 月 15 日俄羅斯盧布對人民幣掛牌交易在俄羅斯莫斯科銀行間外匯交易所正式啟動，開啟人民幣境外直接掛牌交易的先河；2014 年 9 月，人民幣開始在哈薩克斯坦證券交易所（KASE）掛牌交

易。人民幣在周邊國家直接掛牌交易，豐富了各自的貿易結算幣種，給企業和市場帶來更多選擇，有利於降低交易成本和匯率風險（劉愷，2010）。

3.2.3 貨幣互換協議中的人民幣結算階段：亞洲金融危機之後至今

貨幣互換就是兩國在相互貿易和投資時，可以直接使用本幣進行計價和結算，而不必使用第三方貨幣，從而避免不必要的匯兌損失。1960年10月國際金融市場第一次爆發美元危機，為緩解危機的負面影響，1962年3月美聯儲與14個國家簽署了總額為117.3億美元的貨幣互換協議，這是國際上最早的貨幣互換協議。因此，發端於貨幣危機的貨幣互換協議，它的重要功能是為市場注入短期流動性、節約外匯儲備，從而達到緩解危機、維持金融市場穩定的政策目的。

（1）清邁倡議框架下東亞範圍內的貨幣互換

1998年亞洲金融危機全面爆發，各亞洲經濟體貨幣對美元匯率波動劇烈，這對經濟上嚴重依賴美國的亞洲新興國家和地區造成重創。金融危機的高度傳染性使得東亞深刻意識到區域金融貨幣合作的重要性。2000年5月6日在泰國清邁召開的亞洲開發銀行年會上，東盟「10+3」簽署貨幣互換協定，這標誌著東亞金融貨幣合作取得第一步實質性進展。

清邁倡議框架下，貨幣互換協議總額1,200億美元，各成員國出資比例分配和申請貸款額度如表3-3所示。截至2009年，東盟「10+3」共簽署16個雙邊互換協議，總額達780億美元。從互換幣種來看，對加入清邁倡議的東盟成員國而言，大多以本國貨幣換取美元，中日韓三國之間則以本國貨幣互換為主。

表 3-3　清邁倡議下各成員國出資比例分配和申請貸款額度

	出資額（億美元）	出資比例	申請額度是出資額的倍數
中國	內地：342 香港：42	32%	內地 0.5 香港 2.5，但不超過 63 億美元
日本	384	32%	0.5
韓國	192	16%	1
3 國合計	960	80%	
新加坡	47.7	3.97%	2.5
馬來西亞	47.7	3.97%	2.5
泰國	47.7	3.97%	2.5
印尼	47.7	3.97%	2.5
菲律賓	36.8	3.07%	2.5
越南	10	0.83%	5
柬埔寨	1.2	0.10%	5
緬甸	0.6	0.05%	5
老撾	0.3	0.025%	5
文萊	0.3	0.025%	5
東盟 10 國合計	240	20%	

資料來源：中華人民共和國駐泰王國大使館經濟商務參讚處網站。

　　相對於東亞龐大的經濟總量和外匯儲備，清邁倡議框架下的貨幣互換規模仍顯得微不足道，但這對東亞區域金融貨幣合作進程的推進及其「互信、互助與互進」精神的體現則遠遠超過雙邊貨幣互換協議本身。中國在該時期出於資本流動安全的考慮，雖然對有關資本境外流動持審慎態度，但也積極參與了區域金融合作的大潮。特別值得一提的是，為穩定港澳經濟，

2003年中國央行分別為中國香港和中國澳門銀行開辦的個人人民幣業務提供清算安排。

但是，清邁倡議原則框架並未將雙邊貨幣互換與區域經濟監測相互聯繫，也未成立一個統一的中央機構負責監督各方的運作，所以2004—2006年東盟「10+3」財長對清邁倡議展開檢討、改善，邁出了多邊化的首步。2008年世界金融危機爆發，亞洲各國遭受巨額經濟損失，為加強東亞地區對抗金融危機的能力，在2010年3月東盟「10+3」財長會議上，各國決定將清邁倡議進一步升級為清邁倡議多邊化協議（CMIM）。與清邁倡議僅有部分東盟國家加入不同，清邁倡議多邊化協議成員包括東盟10國全部成員，以及中國、日本、韓國和中國香港地區，共14個經濟體。2012年各國決定將總額度擴大到2,400億美元，並於2014年7月17日正式實施。

對中國而言，亞洲金融危機之後的區域貨幣合作使中國逐漸改變以往的被動態度，開始融入亞洲區域金融貨幣合作進程，中國政府關於人民幣對美元不貶值的承諾和中國在此次危機中的出色表現，更為人民幣創造了良好的區域形象，贏得了海內外的廣泛讚譽，為人民幣進一步發揮區域貨幣功能奠定了穩定的基礎。

（2）2008年國際金融危機之後全方位貨幣互換協議

在2008年國際金融危機爆發以前，中國貨幣互換簽署進程緩慢、缺乏規劃和戰略，且主動性和積極性不強。2008年12月12日，中國人民銀行和韓國銀行簽署貨幣互換協議，這是此次金融危機以來中國對外簽署的第一個貨幣互換協議。此後，中國人民銀行加快簽署貨幣互換協議。截至2016年3月，人民銀行與33個國家和地區的中央銀行或貨幣當局簽署了雙邊本幣互換協議，協議總規模約33,142億元人民幣，本幣互換協議的實質性動用明顯增加；在15個國家和地區建立了人民幣清算安

排，覆蓋東南亞、西歐、中東、北美、南美和大洋洲等地，支持人民幣成為區域計價結算貨幣。

現階段中國人民銀行簽署貨幣互換協議的直接動因是化解國際金融危機和歐債危機對中國對外經貿的負面影響，更長遠的目標則是通過擴大人民幣的國際使用，擺脫對美元的過度依賴。中國簽署的貨幣互換協議呈現如下特點：①覆蓋地域範圍廣，包括東南亞、南亞、中亞、西歐、東歐、中東、南非、北非、拉美、北美、大洋洲，可謂遍布各大洲；②協議夥伴既有發展中經濟體，也有發達經濟體，且合作更為深入；③全部協議為雙邊貨幣互換，不涉及第三方貨幣；④促進人民幣離岸市場的發展，當前主要為香港、新加坡和倫敦。

3.2.4 積極穩妥、全面推進跨境貿易人民幣結算階段：2009年4月至今

2007年美國次貸危機拉開全球金融危機的序幕，美債危機、歐債危機持續延燒。中國傳統的出口市場需求疲軟，人民幣匯率頻繁波動加劇了中國外貿市場的不穩定性。為了幫助企業規避匯率風險，減少匯兌損失，推動中國與周邊國家和地區經貿關係發展，中國開始積極穩妥地推進跨境貿易人民幣結算。2009年4月，上海市和廣州市、深圳市、珠海市、東莞市的365家企業開始推行跨境貿易人民幣結算試點。2009年7月2日《跨境貿易人民幣結算試點管理辦法》的頒布具有里程碑意義，最先開始為跨境貿易人民幣結算提供製度保障。

2010年6月22日，六部委聯合發布《關於擴大跨境貿易人民幣結算試點有關問題的通知》，擴大跨境貿易人民幣結算試點範圍增加至20個省市，不再限制境外地域，試點業務範圍擴展到貨物貿易之外的其他經常項目結算，出口試點企業擴大到67,724家。2011年8月，中國人民銀行會同五部委發布《關於

擴大跨境貿易人民幣結算地區的通知》，將跨境貿易人民幣結算境內地域範圍擴大至全國。2012年3月，中國人民銀行會同相關部門聯合發布《關於出口貨物貿易人民幣結算企業管理有關問題的通知》，明確所有具有進出口經營資格的企業均可開展出口貨物貿易人民幣結算業務。2013年7月，中國人民銀行發布《關於簡化跨境人民幣業務流程和完善有關政策的通知》，簡化了經常項下跨境人民幣業務辦理流程，進一步促進了跨境貿易便利化。2015年10月8日，人民幣跨境支付系統（CIPS）（一期）成功上線運行，為境內外金融機構人民幣跨境和離岸業務提供資金清算和結算服務，標誌著人民幣國內支付和國際支付統籌兼顧的現代化支付體系建設取得重要進展。

但是，由於出口退稅等配套措施未能及時跟進，許多企業對跨境貿易政策不理解等原因，跨境貿易人民幣結算量在試點之初並沒有取得預期水平，2009年三季度和四季度總共結算規模僅為35.8億元，跨境貿易人民幣結算遭遇「冷冬」。隨著與跨境貿易人民幣結算有關的出口退稅製度、人民幣跨境收付信息管理系統、境外機構人民幣銀行結算帳戶管理辦法等配套措施的相繼出抬，各部門加大對跨境貿易人民幣結算的宣傳力度，2010年以來，跨境貿易人民幣結算試點地區業務持續大幅增長。2010年第一季度，銀行累計辦理跨境貿易人民幣結算業務183.5億元，為2009年下半年結算量的5倍多，跨境貿易人民幣結算進入「暖春」。跨境貿易人民幣結算不限制境外區域，境內地域範圍擴大至全國之後，跨境貿易結算規模又有明顯上升（見圖3-1）。

為支持上海自貿區建設，服務實體經濟發展、促進貿易投資自由化和便利化，自2014年2月，中國人民銀行上海總部發布《關於上海市支付機構開展跨境人民幣支付業務的實施意見》和《關於支持中國（上海）自由貿易試驗區擴大人民幣跨境使

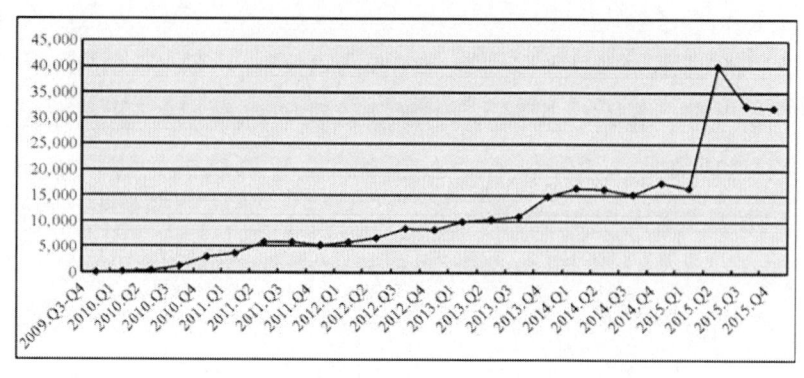

图 3-1　2009—2015 年跨境貿易人民幣結算規模季度情況

數據來源：中國人民銀行各季度《中國貨幣政策執行報告》。

用的通知》兩部金融細則，進一步簡化了試驗區內經常和直接投資項下人民幣跨境使用流程，並對人民幣境外借款、雙向人民幣資金池、跨境人民幣集中收付、個人跨境人民幣業務等做出了具體規範。上海自貿區內開展各項跨境人民幣業務創新試點，鼓勵和擴大人民幣跨境使用，這對推動人民幣國際化尤其是擴大人民幣在國際貿易中的使用具有至關重要的意義。2014 年 11 月 17 日滬港通正式開通，這為在岸人民幣和離岸人民幣市場的對接起到重要作用，也為跨境貿易人民幣結算提供了更流暢的資金回流渠道。

3.3　中國跨境貿易人民幣結算發展歷程的啟示

3.3.1　不同時期的跨境貿易人民幣結算政策順應了當時的客觀經濟需要

中國跨境貿易人民幣結算的實踐歷程表明，中國政府在不同時期制定跨境貿易人民幣結算政策時，都立足於中國當時所處的國際經濟環境、中國對外貿易發展狀況和國內外經濟發展

的現實需要。20世紀60年代末至70年代末的試行人民幣計價結算實踐，是對布雷頓森林體系難以為繼、美元危機頻頻的及時應對；20世紀90年代中國同邊境國家的本幣結算協議是在平衡中國區域經濟發展戰略指導下，順應中國日益繁榮的邊境貿易結算需求，結合中國邊境國家幣值大幅波動的客觀情況，適時提供的結算製度保障；亞洲金融危機至2008年全球金融危機期間的貨幣互換協議，是東盟「10+3」成員國為應對危機所提供的流動性安排；2008年全球金融危機後，隨著中國經濟地位的顯著提升，中國有能力對國際貨幣體系改革產生影響，開始以跨境貿易人民幣結算為突破口，積極主動尋求人民幣的國際話語權，並著力於全方位簽署雙邊本幣結算協定。

3.3.2 跨境貿易人民幣結算和匯率存在互動關係

中國在每個階段的跨境貿易人民幣結算都和匯率波動直接相關，規避或減少外貿匯率波動風險幾乎構成中國在不同時期制定跨境貿易人民幣結算政策的直接原因。匯率作為開放經濟的重要價格調節變量，成為跨境貿易人民幣政策的首要關注因素，可以說，跨境貿易人民幣結算政策的直接經濟目標就是減少外匯風險。跨境貿易人民幣結算反過來又會對中國匯率政策產生諸多影響，進而影響中國匯率形成機制。這種雙向關係提示我們，一方面，匯率會直接影響跨境貿易人民幣結算的規模和結構，進而影響中國貿易差額、外匯占款和福利變化；另一方面，跨境貿易人民幣結算帶動了境內外人民幣市場差異、資本項目改革等，這又會反過來影響人民幣匯率形成機制。跨境貿易人民幣結算和匯率之間的這種互動關係不僅有利於中國跨境貿易人民幣實踐朝著縱深方向發展，而且能為人民幣匯率體制改革提供有益思考和借鑑。

3.3.3 跨境貿易人民幣結算需要完善的配套措施提供製度保障

中國政府在不同時期所推行的跨境貿易人民幣結算政策都不是一成不變的，而是在具體實踐過程中根據出現的問題適時進行調整，切實保證政策對貿易的促進作用。2009 年 4 月跨境貿易人民幣結算試點推行以來，中國人民銀行和其他相關部委已發布了十多項政策文件，不斷完善跨境貿易人民幣結算的配套措施。中國銀行發布的 2014 年度《人民幣國際化業務白皮書》顯示，超過五成的境外企業認為交易結算是否便利是影響人民幣跨境使用便利性的主要因素，跨境人民幣結算和融資等傳統產品是受訪企業使用最為普遍的產品。這些調查結果說明，進一步推廣人民幣跨境使用，仍應著眼於完善跨境人民幣結算等基礎產品，進一步簡化業務流程，完善人民幣回流機制，提升資金結算的安全、快捷和便利性。

3.3.4 當前跨境貿易人民幣結算正迎來不可多得的歷史機遇

人民幣發行六十多年來，從來沒有像今天這樣備受國內外矚目，跨境貿易人民幣結算也迎來不可多得的歷史機遇。這些機遇包括：①2013 年中國超過美國位列全球第一貿易大國，貿易強國呼籲金融強國，中國政府也正在積極加強金融強國建設。人民幣國際化是中國國家金融戰略的核心，跨境貿易人民幣結算作為人民幣國際化的突破點和重中之重，必然構成中國金融戰略的一個重要組成部分。②「一帶一路」戰略是中國第一個具有戰略意義的全球經貿方略。「一帶一路」戰略實施將激發更多市場需求，中國與「一帶一路」沿線國家和地區的資本和貿易往來不斷加深，中國商品、服務和投資進入更多新市場、新領域，人民幣在跨境貿易結算中的地位越來越高，越來越多的

國家把人民幣作為本國儲備貨幣，人民幣國際化進程將不斷加快。中國銀行發布的 2015 年度《人民幣國際化白皮書》調查結果顯示，超過八成「一帶一路」沿線客戶未來打算使用或進一步提升人民幣使用水平。③人民幣資本項目可兌換有序推進、人民幣匯率形成機制更趨彈性、越來越多的國家將人民幣納入本國儲備貨幣籃子，這增強了人民幣的可自由兌換性，人民幣境外接受度增強，境外個人和法人更有意願在跨境貿易中使用人民幣結算。④中國開始主導地區性金融機構，提高國際金融事務參與度。2014 年 10 月 24 日，包括中國、印度、新加坡等在內的 21 個首批意向創始成員國的財長和授權代表在北京簽約，共同決定成立亞洲基礎設施投資銀行（簡稱「亞投行」）。截至 2015 年 4 月 15 日，亞投行意向創始成員國確定為 57 個，2016 年 9 月起，亞投行啟動了對 30 多個國家的成員國申請審議程序，亞投行將成為僅次於世界銀行的第二大多邊開發機構。設立亞投行將使人民幣成為區域性流通貨幣成為可能，改變人民幣只能在國內流通使用的現狀。中國將認繳 500 億美元資本目標中的 50%用於成員國的基礎設施建設，這個過程中，中國可以貸出人民幣，用人民幣對外直接貸款，獲得人民幣資金的貸款成員國可以在跨境貿易中使用人民幣結算。⑤2015 年 11 月 30 日 IMF 總裁拉加德宣布，人民幣符合 SDR 的所有標準，批准人民幣進入 SDR，人民幣在 SDR 所占權重為 10.92%，超越日元和英鎊，成為 SDR 貨幣籃子中的第三大貨幣，該決議於 2016 年 10 月 1 日起生效。這標誌著人民幣成為第一個被納入 SDR 籃子的新興市場國家貨幣。這是中國經濟融入全球經濟體系的重要裡程碑，也是對中國在全球經濟和金融市場中地位不斷上升的再次認可，有利於全球給予人民幣更多的關注、認可和接受，這無疑推動了跨境貿易人民幣結算的發展。

4 匯率變動對主要國際貨幣發揮國際結算功能的影響及啟示

「以史為鑒，可以知興替。」本章將從國際經濟史上充當過或現在依然充當著國際貿易主要結算貨幣的沉浮興衰入手，比較匯率變動對主要國際貨幣發揮國際結算功能的影響，提煉出具有啟示意義的一般性結論。正如「金銀天然不是貨幣，但貨幣天然是金銀」那樣，「金銀天然不是國際貨幣，但國際貨幣天然是金銀」。金銀最早充當了國際貿易結算貨幣，它們憑藉優良的自然屬性維持著各國黃金平價的超穩定，有力促進了國際貿易的發展。

就紙幣而言，目前充當過或依然充當著國際貿易主要結算工具的貨幣主要有：英鎊、法國法郎、美元、德國馬克、日元和歐元。本章將對這六種國際結算貨幣在不同發展階段中匯率變動對國際結算功能的影響進行對比分析，得出對人民幣匯率變動如何影響跨境貿易人民幣結算的啟示。

4.1 英鎊

4.1.1 國際金本位制下英鎊匯率超穩定時期：1821—1914 年

從 16 世紀開始，英國憑藉強大的經濟、軍事和航海實力，以發動戰爭、殖民擴張的方式建立「日不落帝國」，稱霸世界。1801—1850 年的半個世紀裡，英國的工業產量猛增 324%（見圖 4-1），18 世紀 60 年代至 19 世紀中葉，英國率先完成第一次工業革命，它促進了英國對外貿易的飛速發展，英國出口額在 1799—1803 年增長了 33.3%（Deane & Habakkuk, 1960）。

1821 年，英國正式採用金本位制，金本位制保證了英鎊價值的超穩定性，極大提高了英鎊的國際公信力。從採用金本位制到 1914 年，歷時 93 年，英鎊建立起以金本位制作為國際通貨的貨幣製度，英鎊金本位制進入全盛時代。那時英國通過巨額貿易順差囤積大量黃金，英鎊幣值非常穩定，倫敦順理成章地成為國際貿易和金融中心，英格蘭銀行更是通過以英鎊計價的票據貼現操縱和領導著國際金本位秩序（孫東升，2008）。

英國經濟、對外貿易迅猛發展和金本位制使英鎊確立了世界霸主地位，國際貨幣進入了英鎊世紀（修晶，2012）。19 世紀 80 年代英國對外貿易額占全球貿易總額的比重高達 22%~23%，遠高於同期法、德、美約 10% 的水平；1870—1914 年的四十多年時間裡，英國的經常項目均呈順差，年均順差額達 7,889 萬英鎊（袁宜，2002）。外國商人在銷售產品時，更願意採用英鎊報價和結算，因為這樣更容易打入英國市場。隨著原材料的進口和再出口，以英鎊計價和結算的即期和遠期商品交易快速發展起來。與此同時，英國政府在英帝國勢力範圍內採取一系

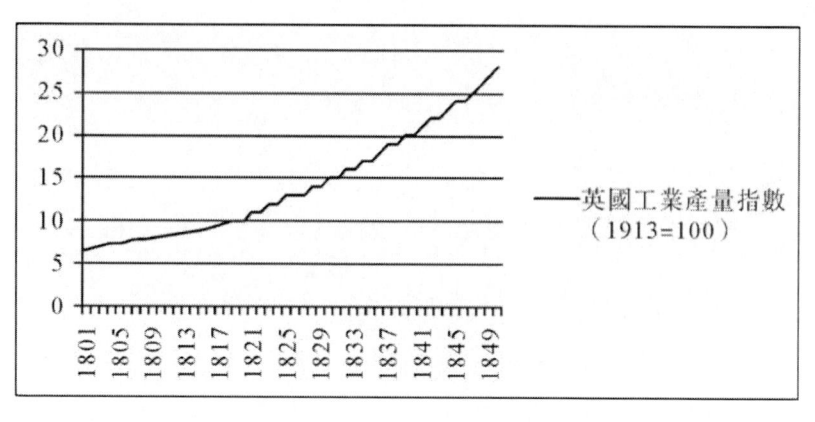

图 4-1　1801—1850 年英國工業產量指數

數據來源：米切爾·帕爾格雷夫.世界歷史統計（歐洲卷）1750—1993 年 [M].北京：經濟科學出版社，2002：437.

列措施推動英鎊成為單一的規範化的交易媒介。英國金融機構在殖民地設立分支機構，為殖民地發行鈔票（bank note），維持鈔票與英鎊的固定匯率，當匯率失衡時，英國政府直接對這些地區的貨幣發行進行管制。根據 Eichengreen（2005）的估計，1860—1914 年，全球大概 60% 的國際貿易使用英鎊計價、結算，① 該時期英鎊成為世界上最主要的國際貨幣。

4.1.2　金匯兌本位制下英鎊匯率被高估時期：1914—1925 年

1914 年第一次世界大戰爆發，戰爭消耗了英國 1/3 的國民財富，英國經濟受到嚴重打擊，倫敦外匯市場停止活動，導致英鎊金本位制的崩潰，英鎊的國際貨幣地位也受到巨大衝擊。但是，在英國政府的主導下，一戰期間英鎊的信用還比較穩定，倫敦銀行界不僅沒有調走資金，反而從國外調回。外國進口商為了支付倫敦承兌債務，收購鎊匯甚急，英格蘭銀行利率提高

---

① 也有學者認為，該比重高達 80% 以上。見鄭壽春.黑色變局——國際石油金融的交鋒 [M].北京：石油工業出版社，2011：163.

到10%，因此，英鎊匯率反而大漲（王烈望，1988）。在各方努力及美國的支持之下，英鎊匯價一直維持到一戰結束。

第一次世界大戰導致了國際金本位制的崩潰，英鎊喪失了「國際本位貨幣」的獨霸地位。在金匯兌本位制下，國際貨幣體系逐漸分化為三個區域，即英鎊區域、美元區域和法郎區域（宋衛剛，2009）。戰後，英鎊該何去何從成為當時歐洲最突出的貨幣問題。

1920年之後，英國克服了戰時的物資緊缺局面，失業率開始恢復到戰前水平，經濟開始恢復正常狀態。1925年，時任英國財政大臣的溫斯頓·丘吉爾為了繼續保持英國昔日的輝煌，重建國威，做出了恢復金本位制的決議。丘吉爾把1英鎊恢復到123.27優質黃金谷的戰前含金量，維持舊匯率1英鎊＝4.87美元。然而，該決議高估了英鎊幣值，英國內外發生了大規模套利活動，英國產品的出口競爭力大幅降低。以至於後來英國自己也承認，按過去一樣的比值恢復金本位，必須得忍痛削減價格和工資，伴隨而來的是經濟停滯和失業率上升，所有這一切就是社會不安的一個重要緣由（加爾布雷思，2010）。

恢復金本位無疑加劇了英國戰後經濟和社會結構失調問題，造成了1926年的工業災難和全國罷工浪潮。1929年世界經濟大蕭條爆發，各國紛紛採取貿易保護主義政策，國際貿易阻力重重對原本就深陷大蕭條泥潭的國際經濟來說無疑是雪上加霜。戰後英國國際收支惡化（見圖4-2），黃金儲量已經無法再維繫金本位制。1931年7月英國被迫放棄了剛從1925年恢復起來的金本位制。

英鎊脫離金本位制標誌著英鎊全盛時代的終結。這期間，英鎊作為國際媒介貨幣的地位明顯下降，其中一個很重要的原因是英國政府不合時宜地維持英鎊金本位制，而與此同時英鎊卻被嚴重高估，1913—1920年英鎊物價上漲了150%，但英鎊貶

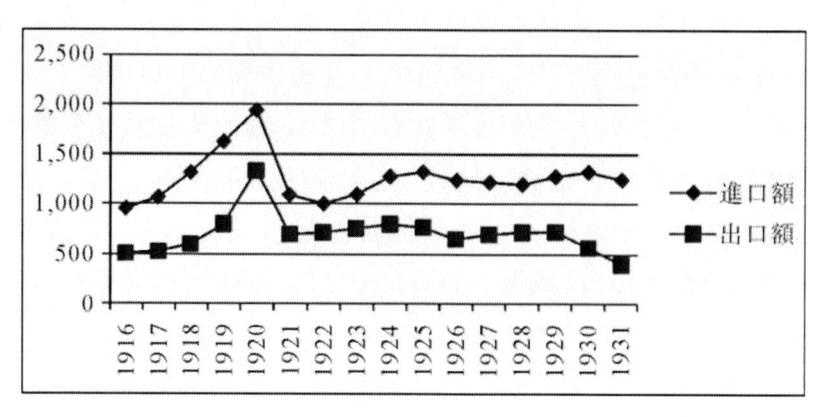

圖 4-2　1916—1931 年英國進出口總值（單位：百萬英鎊）

數據來源：米切爾‧帕爾格雷夫. 世界歷史統計（歐洲卷）1750—1993 年 [M]. 北京：經濟科學出版社，2002：963.

值了 30%（張宇燕、張靜春，2008）。這不僅加劇了英國戰後經濟結構的失衡矛盾，削弱英國出口競爭力，而且使英鎊陷入投機套利風險。在各種因素的綜合作用下，英鎊作為國際媒介貨幣的信用遭到削弱，不過這個時期仍有 40%～50% 的國際貿易使用英鎊結算（康南，1956）。

4.1.3　英鎊區製度下英鎊相對穩定時期：1933—1944 年

為了維持原有的勢力範圍，增強經濟競爭力量，英國以英聯邦為基礎，聯合貿易、金融往來密切的國家，建立起一個以英鎊為核心的貨幣集團。1933 年「世界通貨經濟會議」因各國存在不可調和的矛盾無果而終，世界貨幣集團最終分為五大集團，即美元集團、金集團[①]、英鎊集團、蘇俄集團和日元集團。1935 年，金集團因成員國貨幣相繼貶值而解體後，英、美、法三國於 1936 年簽訂了貨幣協定，允許三國中央銀行互相買賣黃

---

① 金集團成員是法國、義大利、瑞士、比利時、荷蘭、波蘭等維持金本位制的國家。

金，並運用外匯平準基金穩定匯率。在這些協議的作用下，1935年到1939年二戰爆發前夕，國際匯率處於相對穩定時期。

1939年二戰爆發，英國為了加強外匯管制，以法律形式把成員國間的關係固定下來，並改稱為英鎊區。英鎊區的主要運作規則為：①英鎊區內各國貨幣對英鎊保持固定比價，相互間一般可以自由兌換，區內貿易清算都通過英鎊辦理；②資金移動在區內一般不受限制，對區外國家則須經過外匯管理機關批准；③區內各國的黃金、美元收入須售給英國財政部，作為英鎊區的共同儲備（金資，1965）。1940年開始，英美兩國協議規定，英鎊與美元之間維持1英鎊兌4.03美元的固定匯率。

英鎊區從建立之初就是英國維護英鎊霸權的產物，區內固定匯率制最初對促進區域經濟穩定發展起了一定作用，所以英鎊仍然保持第一國際貿易結算貨幣的地位，充當大約40%的國際貿易結算貨幣。但英國不斷將對外貿易和外匯政策強加於其他成員國，逐漸引起這些成員國的強烈不滿，美國資本的不斷滲入也使英鎊區內部的離心力日益增大，英國自身經濟、軍事實力日漸不敵美國，英鎊時代被美元時代取代是大勢所趨。

4.1.4　布雷頓森林體系下英鎊貶值時期：1944年至今

英國受第二次世界大戰破壞嚴重，英鎊也大幅度貶值，雖然英國政府採取各種應對方法，但是仍然無法阻止英鎊頹勢。1944年7月布雷頓森林會議確立了美元在國際貨幣體系中的中心地位。英國無力同美元相抗，被迫接受了1945年英美談判貸款協定，取消外匯管制，並且讓英鎊釘住美元浮動，英鎊自此完全被美元超越。此後，由於英國對外貿易持續逆差，外匯儲備下降，政府多次提高利率也無濟於事，導致英鎊屢次貶值。1949年9月，英鎊由1英鎊兌換4.03美元貶值為1英鎊兌換2.8美元，貶值幅度達30.5%。英國政府並未與英鎊區成員磋商

就做出貶值決定，澳大利亞、印度等成員國對此非常不滿，巴基斯坦甚至拒絕將本國匯率與英鎊和其他成員新匯率進行鎖定，英鎊區內部矛盾更加尖銳（康南，1956）。

長期高估英鎊匯率使英國經濟身陷囹圄，最終導致1964年英鎊危機爆發，英鎊對美元比價又從1：2.8下降到1：2.3（Lloyd，1993）。英鎊大幅貶值，加劇了英國原本就捉襟見肘的建設資金，英國經濟發展更加舉步維艱。1956—1970年，英國工業年均增長率僅2.8%，遠低於日、美等國；英國對外貿易發展緩慢，1963—1968年連續六年赤字（Grenville，1994）；伴隨著經濟大幅衰退的是貨幣危機頻發，1947—1964年，英鎊發生了八次危機（柳放，1965）。20世紀60年代初，十國集團曾試圖力挽狂瀾，扶英鎊之廈於將傾，但英國實力已今非昔比，英鎊大勢已去。

20世紀70年代，英國經濟陷入「滯脹」狀態，生產停滯、失業嚴重、通貨膨脹加劇，英鎊持續疲軟不振。1972年6月西歐金融市場再次發生拋售英鎊風潮，英格蘭銀行拿出26億美元的外匯儲備進行干預但最終無效，宣布英鎊實行浮動匯率，退出共同市場，縮小匯率波動範圍。從1972年英國實施浮動匯率政策開始至1977年，英鎊匯率曲折下降，1978—1980年又有一定程度的上升（見表4-1），然而，較之於金本位時期（1英鎊兌4.03美元），英鎊兌美元的匯率已經大幅貶值。總的來看，戰後英鎊匯率呈下降趨勢，中間雖然上下波動，但未能脫離這一總趨勢。

表4-1　1972—1980年英鎊兌美元匯率統計表

年份	1972	1973	1974	1975	1976	1977	1978	1979	1980	1981
匯率	2.34	2.30	2.33	2.01	1.69	1.92	2.04	2.23	2.40	1.90

資料來源：《貨幣年鑒》，中國銀行統計。

1972年英鎊危機之後，英國決定對英鎊區內的資本移動實

行管制，把英鎊區範圍暫時縮小到只包括英國本土、愛爾蘭共和國、開曼群島和海峽群島，對其他原區內國家和地區統一實施外匯管制。① 1985 年 2 月 26 日，紐約外匯市場英鎊兌美元的比價跌到 1 英鎊兌 1.037 美元的歷史最低點。在種種因素的共同作用下，英鎊區基本瓦解，1992 年英鎊在世界出口貿易的結算份額僅為 5.7%，英鎊完全喪失國際結算貨幣霸主地位，淪為普通國際貨幣。

4.2 法國法郎

4.2.1 法郎區下法郎對內穩定對外貶值時期：1945—1970 年

法國法郎成為國際貿易主要結算貨幣得益於法國建立的海外殖民地體系。1936 年 10 月 1 日法國通過《貨幣法案》，要求法國海外殖民地之間的貿易和非貿易收支必須用法郎進行結算，從而形成了一個以法國法郎為中心的國際貨幣集團——法郎區。從此，法國控制了所有法屬領地的國際金融活動，壟斷了它們的外貿市場，構成了一個完整的殖民主義體系（伍貽康，1989）。

法郎區（Franc Zone）正式成立於 1945 年 12 月 29 日，法郎區官方創立了法屬非洲殖民地法郎，即非洲法郎。非洲法郎和法國法郎之間實行固定匯率，在創立之初保持 1 非洲法郎 = 1.7 法國法郎的平價，這個平價在 1948 年曾達到 1 非洲法郎 = 2 法

---

① 愛爾蘭是最後一個脫離英鎊關係的成員，1979 年 3 月 13 日，它參加了歐洲貨幣體系，同年 3 月 30 日割斷了同英鎊的聯繫。

國法郎。1960年「新法郎」開始流通，① 這一平價改為0.02，並一直保持到1994年1月。1994年1月26日之後，非洲法郎與法國法郎之間的平價重新確立為0.01。

剛經歷過二戰的法國，又相繼發動法越戰爭，捲入朝鮮戰爭，發動阿爾及利亞戰爭，這些戰爭將原本就已在兩次世界大戰和經濟大蕭條中元氣大傷的法國推入深淵，法國外匯在戰爭中大量流失，法國財政赤字連年擴大。法國法郎在1948—1949年兩年內4次貶值後，又於1957年10月再次貶值，含金量降為2.12毫克。1968年，法國由於各種社會矛盾爆發「五月風暴」，法國外匯市場遭受沉重打擊。1969年，蓬皮杜接任總統後，宣布法國法郎貶值11.11%，含金量降到160毫克（1舊法郎含金1.6毫克）。表4-2為1940—1969年法國法郎含金量和匯價的變動情況。

表4-2　1940—1969年法國法郎含金量和匯價變動

時間	法國法郎的含金量（純金）	法國法郎對美元的匯價	法國法郎對英鎊的匯價
1940年2月29日	—	1USD=43.80FRF	1P=176.625FRF
1942年11月8日 1943年2月2日 1945年12月26日	0.021 — 0.007,46	— 1USD=50FRF 1USD=119.10FRF	— 1P=200FRF 1P=480FRF
1948年1月26日		1USD=214.39FRF	1P=864FRF
1948年10月18日 1949年4月27日		1USD=263.50FRF 1USD=272FRF	1P=1,062FRF 1P=1,097FRF

---

① 由於法郎自第一次世界大戰結束以後，連續貶值，使得法郎與其他西方國家貨幣相比幣值單位較小。1960年起法蘭西銀行開始發行「新法郎」，1新法郎相當於100個舊法郎，含金量也變為180毫克。1962年11月11日起，「新法郎」改稱為法郎。

表4-2(續)

時間	法國法郎的含金量（純金）	法國法郎對美元的匯價	法國法郎對英鎊的匯價
1949年9月20日 1950年8月16日	— 0.002,52	1USD = 350.00FRF —	1P = 980FRF① —
1957年8月10日 1958年7月24日	— 0.002,115	1USD = 420.00FRF —	1P = 1,176FRF —
1958年12月27日	0.001,8	1USD = 493.70FRF	1P = 1382.4FRF
1960年1月1日②	0.180	1USD = 4.937FRF	1P = 13.823FRF
1969年8月11日	0.160	1USD = 5.554FRF	1P = 13.330FRF

註：①1949年9月8日英鎊貶值之後。
②法國從1960年1月1日起使用「新法郎」，1新法郎=100舊法郎。
資料來源：中國銀行國際金融研究所. 法國的貨幣與銀行［M］. 北京：中國財政經濟出版社, 1981：130.

從表4-2可以看出，自法郎區成立之初，法國法郎對法郎區外就一直處於貶值趨勢，從含金量來看，1940—1969年，法國法郎貶值了92.4%。不過，由於法郎區的其他貨幣長期與法國法郎保持著固定兌換比率，並針對法國法郎幣值情況進行適當調整（見表4-3），所以法國法郎雖然一直對區外貨幣貶值，但對區內貨幣卻維持著相對穩定的匯率水平，因此法郎區內部貿易仍然通過法國法郎清算。

表4-3　　　　　　1945—1960年法郎區基本狀況

年份	當地法郎與法國法郎的兌換比率	法郎區成員
1945年12月26日	1：1	法國本土和5個海外省
	1：1.7	法屬非洲殖民地①
	1：2.4	法屬太平洋殖民地②

表4-3(續)

年份	當地法郎與法國法郎的兌換比率	法郎區成員
1948年1月26日	1：1.7	法屬非洲殖民地
	1：4.32	法屬太平洋殖民地
1948年10月17日	1：2	法屬非洲殖民地
	1：5.5	法屬太平洋殖民地
1960年1月1日	1：0.02	法屬非洲殖民地
	1：0.055	法屬太平洋殖民地

註：①主要包括法屬西非殖民地、法屬赤道非洲殖民地、多哥、喀麥隆、法屬索馬里、馬達加斯加、留尼汪、聖皮埃爾和密克隆等地。
②主要包括新喀里多尼亞、新赫布里底島、法屬太平洋殖民地等地。
資料來源：中國銀行國際金融研究所．法國的貨幣與銀行［M］．北京：中國財政經濟出版社，1981：21-22.

法郎區其他成員之所以對法國具有如此高的忠誠度，主要有兩個原因：其一，由於長期形成的聯繫一時難以割斷，即便許多非洲殖民地獲得獨立，也難以擺脫對法國經濟的依賴；其二，法郎區不單純是一個貨幣區，同時也是一個貿易區，法郎區內成員建立優惠的貿易關係，對區外採取共同的貿易政策（中國銀行國際金融研究所，1981），這使得留在法郎區更有利於加強區域內部的貿易關係。

4.2.2 布雷頓森林體系瓦解後法郎貶值時期：1970—1999年

進入20世紀70年代以後，法郎區內形勢發生變化。1971年8月，布雷頓森林體系瓦解。為維護法郎穩定，法國政府開始實施雙重匯率制（即將法郎分為金融法郎和貿易法郎）。1973年3月，西歐六國貨幣對美元實施「蛇形浮動」，法郎釘住德國馬克浮動。同年10月，中東戰爭爆發，受石油價格暴漲影響，

法國國際收支惡化，外匯儲備流失近 2/3，法郎被迫於次年 1 月退出「蛇形浮動」，實行自由浮動，並採取外匯管制。1974 年底，法、美兩國首腦會晤，法蘭西銀行按自由市場金價計算法國黃金儲備，加強了法蘭西銀行在外匯市場上的干預力量，法國法郎兌德國馬克的匯價有所回升。在此期間，法郎區的其他貨幣均跟隨法國法郎一起行動，並始終保持一致。

到 20 世紀 80 年代初，法郎區設有 7 個發行銀行，使用 5 種法郎，由三組合作國共 25 個國家和地區組成，且法郎區其他貨幣與法國法郎仍然維持著 1960 年時的匯率水平（見表 4-4）。1980 年後，受第二次石油漲價的衝擊和美國高利率政策的影響，法郎跟隨德國馬克再度持續貶值。

表 4-4　20 世紀 80 年代法郎區五種貨幣基本情況

國家和地區	使用貨幣	與法國法郎的兌換比率
法國本土和海外省、馬約特	法國法郎	1∶1
新喀里多尼亞、法屬波利尼西亞、瓦利斯和富士那	太平洋金融共同體法郎	1∶0.055
貝寧、象牙海岸、上沃爾特、塞內加爾、多哥、科摩羅	非洲金融共同體法郎	1∶0.02
馬里	馬里法郎	1∶0.01
喀麥隆、中非共和國、剛果、加蓬、乍得	中非金融合作法郎	1∶0.02

資料來源：中國銀行國際金融研究所. 法國的貨幣與銀行［M］. 北京：中國財政經濟出版社，1981：55-56.

法郎匯價頻繁波動使法郎區非洲成員和法國本土之間的矛盾迅速升級，法郎區政策已經嚴重束縛了非洲成員經濟的發展。非洲國家政府嚴厲抨擊了法國的貨幣政策，強烈要求改革法郎區。1999 年 1 月 1 日法國加入歐元區，法國法郎被歐元代替。

此後，法郎區逐漸出現「非洲化」趨勢，非洲各國正在尋求擺脫法國、開展適合本地區的貨幣合作道路。

由於法國法郎在國際貿易中主要用於法郎區內部貿易之間的結算，而法郎區內部相對穩定的匯率關係使得法國法郎在國際貿易中的結算比重只取決於法郎區成員規模及貿易規模的大小，而與法國法郎對外匯率貶值關係不大。20世紀五六十年代，隨著法國殖民地相繼獨立，也由於法國加強同歐洲經濟共同體內部的經濟聯繫，法國和法郎區其他成員的相互貿易比重逐年減少（見表4-5和表4-6），這也直接導致了法郎作為國際結算貨幣的地位不斷下降。Hartmann（1998）估計，法國法郎在1980年、1987年和1992年國際出口貿易結算貨幣所占的比重分別為6.2%、6.5%和6.3%。2003年，法國進出口貿易以法國法郎結算的比重分別為45.3%和52.7%（Goldberg & Cedric Tille, 2005）。不過從全球範圍來看，法國法郎在國際貿易的結算比重大約為5%。

表4-5　　　　　　　法國對法郎區成員貿易比重

年份	進出口比重	進口比重	出口比重
1947—1957年	30%	—	—
1973年	—	2.70%	3.30%
1979年	—	2.00%	4.20%
1982年	—	1.80%	3.60%

資料來源：對外經濟貿易大學國際貿易問題研究所. 法國對外經濟貿易[M]. 北京：對外貿易教育出版社，1989：84-87.

表4-6　　　　法郎區非洲成員的貿易夥伴結構

	20世紀60年代		20世紀70年代		20世紀80年代	
	進口	出口	進口	出口	進口	出口
法國	57.9%	52.4%	48.1%	34.9%	36.7%	19.6%
法國之外的發達國家	20.4%	24.4%	30.9%	39.1%	34.2%	53.2%
其他	21.7%	23.2%	21.0%	26.0%	29.1%	27.2%

資料來源：張宏明. 法郎貶值對法郎區非洲成員國經濟的影響 [J]. 西亞非洲, 1991（1）: 48.

4.3　美元

4.3.1　金本位制下美元匯率超穩定時期：1804—1934年

1804年7月，美國第一任財政部長亞歷山大・漢密爾頓上任後，效仿英國做法，確定美國貨幣採用「金本位制」。19世紀末20世紀初，美國順利完成第二次工業革命，工業產量高速增長（見圖4-3）。美國也積極和其他帝國主義國家展開殖民擴張競賽，利用一個多世紀的時間迅速成為全球經濟大國。一戰前，美國經濟規模位居世界之最。第一次世界大戰期間，歐洲各國忙於戰事，無暇顧及國內生產，同時又急需購買大量軍用物資，遠離戰場的美國抓住戰爭商機，在軍事製造業、戰略物資製造業等生產領域獲得空前發展，美國經濟從而也獲得空前發展。

第一次世界大戰爆發以後，參戰國軍費開支猛增，紛紛停止金幣鑄造和價值符號兌換，很多歐洲國家紛紛脫離了金本位制，美國成為唯一有能力維持黃金錨的大國，其他國家逐漸將本國貨

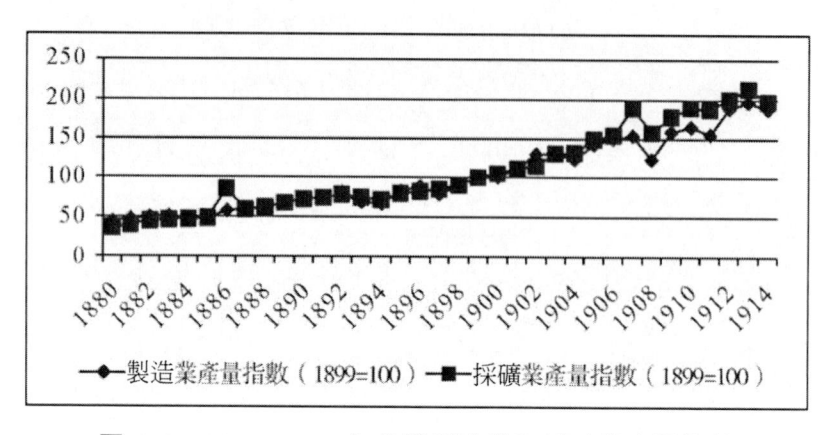

圖 4-3　1880—1914 年美國製造業和採礦業產量指數

資料來源：米切爾·帕爾格雷夫. 世界歷史統計（美洲卷）1750—1993 年 [M]. 北京：經濟科學出版社，2002：313.

幣與黃金脫鈎，而與美元掛鈎。1922 年開始，英國經濟學家凱恩斯就不斷發出警告，並在 1923 年出版的《論貨幣改革》（A Tract on Monetary Reform）一書中明確指出：「一個美元本位制，正在物質財富的基礎上拔然而起。過去兩年裡，美國貌似在維護金本位，但事實上，他們建立的是一個美元本位制。」

這一時期，由於美國迅速強大的經濟實力和美元在金本位制下的超穩定，美元在國際貿易領域中越來越多地被使用，但由於英鎊在國際貿易結算貨幣中的霸主地位，美元還是無法抗衡英鎊的力量。

4.3.2　布雷頓森林體系下美元「紙黃金」時期：1936—1963 年

布雷頓森林體系可以追溯到 1936 年英、美、法三國簽訂的「三邊貨幣協定」（Tripartite Monetary Agreement），當時各個貨幣集團之間鬥爭激烈，國際金融秩序陷入混亂動盪局面。美國為了爭奪國際市場和投資場所，增強同英鎊和法郎的對抗力量，便聯合北美、加勒比海地區、南美地區國家，建立了美元集團。

1939年又在此基礎上建立了美元區，建成以美元為中心的國際貨幣區域。

1945年12月27日，《布雷頓森林協定》正式簽署，該協定確定了「美元和黃金掛鈎，其他貨幣和美元掛鈎」的雙掛鈎製度。1946年12月18日，國際貨幣基金組織正式公布1美元含金量為0.888,67克。至此，布雷頓森林體系正式建立，美元區實際上包括了整個資本主義國家，美元徹底戰勝英鎊成為國際最主要的媒介貨幣（Chinn和Frankel，2005），美元逐步與黃金共同成為世界各國的主要儲備資產。到20世紀60年代，國際貿易中以美元結算的份額高達90%（金莉、黃芳泉，1995），美元由此迎來全盛時代。

4.3.3 特里芬難題下美元貶值時期：1963年至今

20世紀60年代，美元的特里芬難題開始顯現，布雷頓森林體系下美元無法同時獲得「清償力與信心」。1963年一些國家大量拋售美元，擠兌黃金，倫敦黃金市場價格猛漲到1盎司41美元，遠遠超過布雷頓森林會議規定的1盎司35美元的官價，美元第一次爆發嚴重危機。1968年3月，倫敦、巴黎和蘇黎世黃金市場爆發了第二次美元危機，人們規模空前地拋售美元、搶購黃金，巴黎市場黃金價格一度漲到1盎司黃金兌換44美元。1968年3月16日，美國終於停止了在自由市場上按照35美元1盎司的官價出售黃金，而是聽任市場金價自由波動。但為了維護布雷頓森林體系，國家與國家之間仍然按照官價進行買賣。這不僅表明美元實際上已經變相貶值，而且美元的兌換性也嚴重下降。

美元危機頻發極大削弱了美元的國際地位。1971年8月15日「尼克鬆衝擊」帶領布雷頓森林體系走向崩潰的邊緣。1973年2月12日，美元再度貶值10%，世界主要資本主義國家紛紛退出固定匯率制，布雷頓森林體系土崩瓦解。布雷頓森林體系

宣告解體，美元告別「紙黃金」的霸權時代，以美元為中心的資本主義世界貨幣體系危機重重。自布雷頓森林體系解體至今，美元一直處於貶值趨勢（Chinn 和 Frankel，2008）。

從 20 世紀 90 年代以來，美元對世界主要貨幣的匯率波動頻繁，波幅不斷增大，這不利於各國進行經濟核算，不利於發展國際貿易和美元發揮支付手段職能（李富有，1997）。由於一再貶值，美元作為國際儲備和結算工具的功能已部分地為其他硬通貨所代替。其他國家和地區為了穩定本地區經濟，及時擺脫對美元的過度依賴，紛紛組建新的貨幣聯盟同美元相抗衡，使用美元的範圍趨於縮小。2008 年全球金融危機爆發再次深刻揭露出美元主導的國際貨幣體系存在諸多弊端，美元的國際信用再次遭受重創，許多國家尋求改革國際貨幣體系。

不過，由於美國仍為世界第一大經濟體，實力依然相當雄厚，加上美元已經建立起具有厚度的市場網路外部性，市場慣性已經形成，所以美元仍然是目前使用比重最大的國際結算貨幣。[①] 1980 年、1987 年和 1992 年美元在世界出口貿易的結算比重分別為 56.1%、47.8% 和 47.6%，雖然比重略顯下降趨勢，但仍然處於絕對優勢地位，將處於第二位的德國馬克遠遠甩在後面。當前，美元仍是發展中國家，尤其是東亞、拉美、中東等地區對外貿易的主要結算貨幣。在東亞，根據 Fukuda 和 Ono（2006）的測算，2001 年泰國、韓國出口貿易以美元結算的比重分別為 85.7%、87.42%；在拉美，很多國家甚至直接採取美元化策略，以美元取代本幣流通；在中東，20 世紀 70 年代美國與沙特簽訂「不可動搖的協議」，確定了美元在國際石油貿易中不

[①] 根據 Tavlas（1991）估計，20 世紀 80 年代末，大約一半的國際貿易採用美元結算。時至今日，美元在國際貿易結算貨幣領域的支配地位沒有根本性改變。

可動搖的計價結算地位。1973年布雷頓森林體系瓦解標誌著以黃金-美元為基礎的國際貨幣體系的終結，但美元霸權卻以新的形式繼續存在，在某些方面甚至加強了。

4.4 德國馬克

二戰後的德國在廢墟中創造出世界經濟奇跡，1951—1970年的二十年間，德國不變價GDP年均增長6%，1967年德國經濟也受美元危機影響而出現不變價GDP的零增長，此後又迅速迴歸快增長軌道。回顧20世紀70年代至90年代的德國經濟我們不難發現，德國也保持了持續的貿易順差，隨之而來的是德國馬克的升值壓力。當時德國當局順應了德國馬克的升值趨勢，漸進有序地完成了馬克的升值過程，不但保持了德國經濟的穩步發展，而且成功推動了德國馬克成為國際貿易結算貨幣。鑒於德國馬克是在布雷頓森林體系之後才成為國際貨幣，且1999年後德國馬克被歐元取代，所以本小節只研究布雷頓森林體系崩潰前夕到歐元誕生期間德國馬克匯率與其發揮國際貿易結算貨幣職能之間的關係。

4.4.1 布雷頓森林體系解體後德國馬克升值時期：1971年6月—1979年12月

受布雷頓森林體系「雙掛鈎」製度的約束，德國馬克的匯率長期保持穩定。1949—1960年的二十多年時間裡，德國馬克兌美元的匯率一直固定在1馬克＝0.238,1美元。1961年3月，德國馬克對美元升值5.1%，匯率調整至1馬克＝0.250,2美元，這是德國馬克對美元匯率第一次超過布雷頓森林體系要求的±1%的波動幅度範圍。1967年10月，德國馬克對美元匯率再次

升值7.1%，1馬克＝0.268,0美元。在1971年5月10日德國政府宣布實行浮動匯率制之前，雖然德國馬克兌美元匯率間斷性地升值，但幅度都不大。

20世紀五六十年代德國經濟相對於美國經濟持續走強，生產率提高更快，市場存在德國馬克對美元升值的客觀要求，否則德國經濟將會出現經濟失衡。布雷頓森林體系期間，為了維持馬克和美元的固定比價，德國貨幣當局不得不在外匯市場購入超額美元供給，這使得德國內部流通的馬克貨幣量不斷增多，對德國物價穩定構成很大的威脅。飽嘗通貨膨脹之苦的德國對物價上漲唯恐避之不及，加之美元危機不斷爆發，德國貨幣當局徹底放棄了1馬克＝0.250,2美元的固定比價，德國馬克開始對美元持續升值，1971年12月21日，1馬克＝0.31美元，德國馬克兌美元匯率比固定比價升值了24%；1973年3月19日起，德國加入西歐共同浮動體系，德國馬克的中心匯率調整為1馬克＝0.34美元，德國馬克再次升值9.7%。此後，德國馬克對美元匯率雖然有升有降，但總體呈現升值趨勢（見圖4-5）。

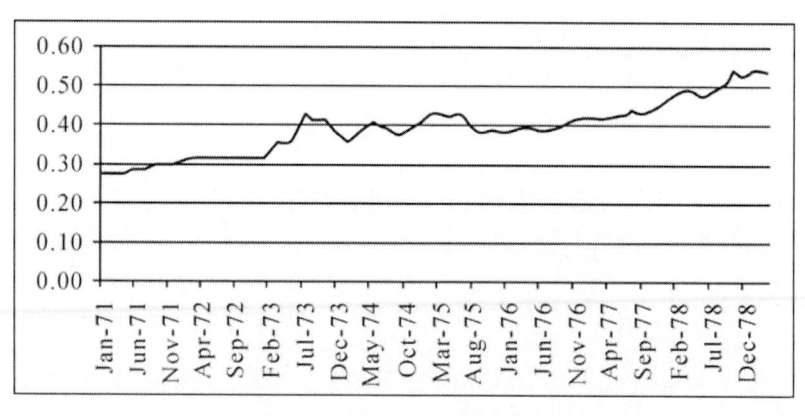

圖4-5　1971年1月—1979年12月德國馬克對美元匯率走勢
數據來源：德國央行網站。

德國馬克對美元升值順應了客觀經濟發展趨勢，有助於德國維持內外經濟均衡。德國貨幣當局借助獨特的社會市場經濟模式、獨立的中央銀行體系，出抬了一系列正確的貨幣政策。德國作為區域強國，積極倡導建立歐洲匯率聯動機制，並成功利用這些機制將德國馬克的升值壓力部分轉移至區域內其他國家，同時維持了德國馬克對區域內其他貨幣的相對穩定，德國借此保證了本國在區域內的貿易和投資規模不受影響。德國馬克最終順利化解了這一階段的對外升值壓力，並且保持了物價穩定和經濟增長。德國馬克對外堅挺、對內穩定使德國馬克成為國際貿易結算貨幣的新起之秀，1980年德國進口和出口貿易以德國馬克結算的比重分別為43%和82.5%（Tavlas，1991），而世界出口貿易以德國馬克結算的比重為13.6%，高於德國出口的世界份額9.71%，德國馬克成為僅次於美元的第二大國際貿易結算貨幣（Hartmann，1998）。

4.4.2 第二次石油危機下德國馬克貶值時期：1980年1月—1985年3月

德國馬克在此階段出現對美元貶值趨勢，很大一部分原因是第二次石油危機的衝擊。事實上，在1973年10月發生的第一次石油危機中，德國馬克也暫時偏離了上升軌道，在1973年第四季度略有貶值（見圖4-6）。第二次石油危機對德國馬克的影響在程度和時間上都遠遠超過了第一次石油危機。第二次石油危機發生在1978年11月至1979年4月，起因是伊朗爆發革命導致石油產量銳減，致使國際油價一路飆升，這沉重打擊了西方工業大國嚴重依賴石油能源的經濟體系。相比較而言，德國對石油的對外依賴度更高，接近100%，因此德國受第二次石油危機的衝擊大於美國等其他發達國家，由此造成更不佳的經濟表現和德國馬克連續五年的貶值歷程。1980年1月，1馬克=

0.580,2美元，1985年3月則貶值為1馬克＝0.302,2美元，德國馬克對美元貶值47.9%。

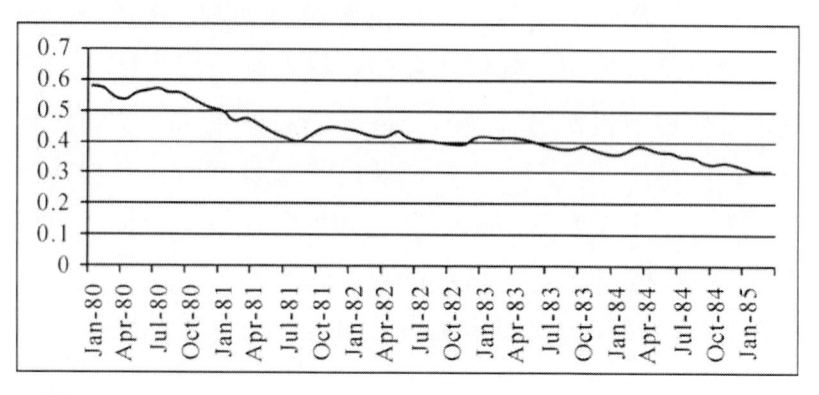

图4-6　1971年1月—1979年3月德國馬克對美元匯率走勢
數據來源：德國央行網站。

不過德國馬克並沒有因為貶值而影響自身在歐洲貨幣體系中的主導地位，這可以從德國馬克在歐洲貨幣單位所占權重得到說明：1979年3月13日為33%，1983年5月18日為36.9%，1984年9月17日為32%。德國馬克在德國進口貿易中的結算比重甚至有所提高（見表4-7），德國出口貿易中以馬克結算的比重則穩定在80%左右。德國馬克在世界出口貿易中的結算份額也穩步上升，到1987年已經達到16.1%。德國馬克匯率貶值之所以沒有削弱市場對馬克的信心，在很大程度上是因為德國馬克貶值不是由於德國經濟基本面出現問題，而是受較大外部衝擊所致，德國馬克貶值正好反應了德國匯率政策的市場化，人們相信通過匯率自動調節機制和德國各方的共同努力，德國經濟會快速化解負面外部衝擊，德國馬克也會繼續保持對內對外幣值的相對穩定。

表 4-7　1981—1985 年德國進口和出口貿易以德國馬克結算的份額

	1981	1982	1983	1984	1985
進口結算份額（%）	43	44.6	46.1	47	47.8
出口結算份額（%）	82.2	83.2	82.6	79.4	79.5

資料來源：Tavlas, George. S. On the International Use of Currencies: The Case of the Deutschemark. Princeton Essays in International Finance, No. 181, March, 1991.

4.4.3 《廣場協議》下德國馬克先升後穩時期：1985 年 10 月—1999 年 1 月 1 日

這個階段德國馬克處於升值趨勢，主要有兩個原因：第一，德國逐漸擺脫第二次石油危機的負面影響，經濟系統更具免疫力，從而重新走上發展之道，總體經濟實力有所增強；第二，20 世紀 80 年代初，里根政府為了解決經濟「滯脹」問題，實行「鬆財政、緊貨幣」的政策組合，造成了美國經濟的「雙赤字」困境，德國則是美國貿易赤字的主要來源之一。德國對美國不斷擴大的貿易順差也使德國馬克對美元升值。

為了共同致力於美元貶值，以解決美國經濟的「雙赤字」問題，1985 年 9 月 22 日美國政府邀請英國、法國、德國、日本四國財政首腦齊聚紐約，並簽訂了《廣場協議》。《廣場協議》簽訂之後，德國馬克進入升值期，一直持續到 1987 年 12 月才暫時停止，此時 1 馬克 = 0.612,3 美元，相比於 1985 年 9 月的 1 馬克 = 0.352,1 美元，德國馬克升值了 3.9%。此後，德國馬克對美元匯率出現雙向波動，但總體保持穩定。1995 年 4 月德國馬克對美元匯率也達到歷史最高點，1 馬克 = 0.724,3 美元。1995 年 4 月下旬，西方七國在「匯率變動有秩序反轉」上達成一致，市場出現了美元匯率反轉，德國馬克對美元也出現小幅貶值趨勢，雙向波動特徵更加明顯（見圖 4-7）。

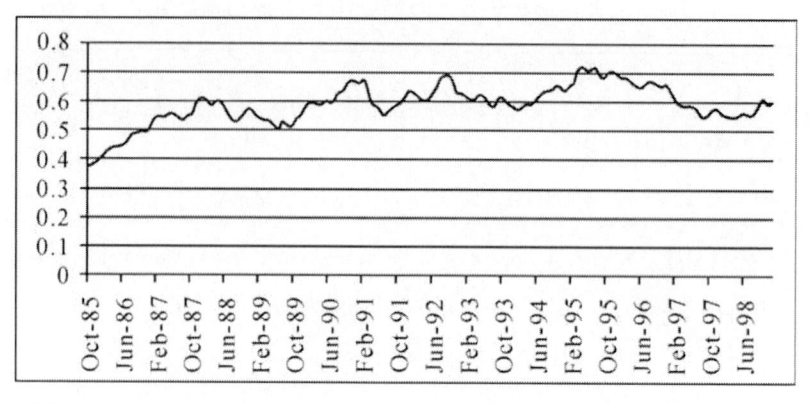

圖 4-7　1985 年 10 月—1998 年 12 月德國馬克對美元匯率走勢
數據來源：德國央行網站。

　　面對德國馬克兌美元匯率頻繁波動使德國經濟產生的風險，德國企業和政府積極採取應對措施。一方面，一些大型德國企業直接在「美元區」設廠投資，以直接投資取代傳統的出口模式，順利規避了匯率風險；另一方面，德國政府通過提供優質公共服務，具體包括立法、財政援助、稅收優惠、建立各類行業協會或聯合會等方式，鼓勵德國中小企業重視提高科研創新能力，通過擁有先進的技術裝備、研發新產品和創造領先世界的產品質量和服務，在激烈的國際競爭中取勝。在政府和企業的共同努力下，德國企業的創新技術日新月異，德國企業通過壟斷優勢獲得超額利潤，實力大幅增強。20 世紀 80 年代以來，德國出口企業以出口具有高技術含量的機器設備為主，這些產品往往對匯率波動極不敏感，匯率風險承受能力很高。海外設廠投資和產品競爭力的提升，使德國企業擁有獨特的國際競爭優勢，這也部分抵消了馬克匯率升值對德國經濟可能帶來的不利影響，德國不僅持續保持了對外貿易順差，實現經濟較快發展，而且提高了德國經濟的整體競爭力。德國馬克借助本國較強的出口競爭力和合同談判能力，繼續成為德國進出口貿易的最大結算貨幣，1987 年分別占比

52.7%和81.5%，1995年德國馬克在世界出口貿易的結算比重上升至18%，穩居第二國際貿易結算貨幣地位。

4.5 日元

和德國一樣，同為二戰的戰敗國，日本經濟在20世紀60年代迅速實現騰飛，日本國際貿易收支由逆差轉為順差。1964年，由於日本已實現國際貿易收支順差（見圖4-8），日本接受國際貨幣基金組織第八條款，[①] 因此日元外匯交易不再受限制，日元恢復可兌換性使日元對外結算成為可能。同年，日本加入經合組織（OECD），開始步入發達國家行列，日本由此開始探索資本交易自由化道路（菊地悠二，2002）。

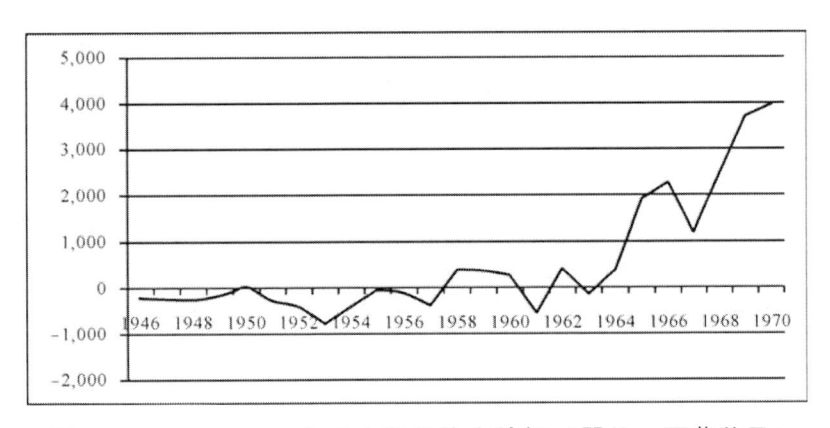

圖4-8 1946—1970年日本貿易收支餘額（單位：百萬美元）
數據來源：日本統計局網站。

---

① 國際貨幣基金組織第八條款的內容包括：①未經基金組織同意，成員國不得對貿易、非貿易等國際收支經常項目下的支付和資金轉移加以限制；②不得採用歧視性的差別匯率或多重匯率制；③對於其他成員國在經常性往來中積存的本國貨幣，在對方為支付其經常性往來而要求兌換時，成員國應該用黃金或對方貨幣換回本幣。

4.5.1 美元危機下日元匯率先升後貶時期：20世紀60年代末至70年代末

1967年日本經濟調查協議會發表《關於日元國際地位的委員會報告》，被認為是有關日元國際化的第一份重要文件（益田安良等，1998）[①]，其中一個動向是日元開始在國際貿易中部分取代美元成為計價結算貨幣。當時因日元持續走強，美元不斷走軟，日本企業仍然採用美元作為國際結算貨幣勢必面臨較大的匯率風險，因此日本企業更傾向於使用日元作為對外往來的結算貨幣，應該說，日元國際化具備微觀利益基礎。

尼克鬆衝擊發生時，為了防止日元升值，日本政府不得不進一步放鬆金融管制。布雷頓森林體系解體後，日元於1973年2月實行浮動匯率制。1972年6月，時任日本內閣總理田中角榮發表《日本列島改造論》，立即引起日本地價攀升。1973年石油危機爆發，日本物價上揚，國際收支再度出現逆差，日元出現貶值，從1美元=260日元一度回到1美元=300日元的水平。但是日本通過金融緊縮政策、節約能源措施等努力，很快擺脫了石油危機的不利影響，1976年恢復了國際收支順差，但日元未出現升值趨勢，日本政府為此被指責操縱匯率，日本所謂的浮動匯率是「受干預的浮動」。

1974年，日元成為特別提款權的籃子貨幣，在國際貿易和國際金融交往中得到使用。此後，日元不斷走高，1978年6月日元對美元匯率在二戰後首次突破200日元大關，10月又升到176日元。進入20世紀80年代，在政府放鬆產業規制的世界潮

[①] 這一時期，日元作為結算貨幣與作為儲備貨幣被嚴格區別開來。作為結算貨幣的「日元國際化」開始被研討或提倡，但作為儲備貨幣的「日元國際化」則被迴避。

流中，日本經濟迎來巔峰時期，日本政府開始著手完善國內金融市場，放鬆政府金融規制。1980年12月，日本政府修訂了《外匯及外國貿易管理法》，原則上放開對日元資本項目可兌換的管制。日本在資本項目自由化和金融自由化方面取得了較大進步。

1970—1980年，日元在日本進出口結算中的比重分別從0.3%、0.9%，提高到2.4%、29.4%（劉昌黎，2002）；從全球範圍內來看，1973年和1980年日元在世界出口貿易中的結算份額為0.11%和4.4%（張義龍，1999）。① 不過，直到20世紀70年代末，「日元國際化將攪亂國內金融政策」的聲調在日本銀行和大藏省中佔據主流地位（張國慶，劉駿民，2009）。日本政府也擔心放開資本帳戶可能會削弱日本央行的政策獨立性，造成日本匯率急遽波動進而可能會引起日本經濟動盪，所以對日元國際化持迴避態度（李曉，2005）。

4.5.2 日元國際化戰略下日元持續升值時期：20世紀70年代末至1995年

20世紀70年代後期，在美元危機不斷、日元持續堅挺的背景下，世界對日元的需求日益強勁。面對這種形勢，日本政府也開始有意推進日元國際化。1980年12月1日，日本實行新的外匯管理法，大大放寬外匯管制，日元可廣泛用於國際交易計價結算。

進入20世紀80年代，日本鞏固了貿易收支盈餘國地位，而盈餘來源主要是一手將日本經濟扶持起來的美國。根據自由匯

---

① 張義龍. 歐元啟動對日元國際化的影響 [J]. 日本學論壇，1999（2）：43. 但Hartmann（1998）測算，1980年日元在世界出口貿易的結算比重為2.1%。

率調節器理論，貿易收支盈餘國貨幣會升值，收支赤字國貨幣會貶值，但是當時的情形恰好相反，日元貶值而美元卻在升值。美國對這個問題開出的處方是：東京金融市場自由化和日元國際化。1983年11月，里根總統訪問日本，敦促東京金融市場開放成為里根此行的重點，里根政府將原來限定在貿易領域的對日市場開放擴大到了金融資本交易領域，日美兩國成立「日元·美元委員會」，美日以此為場所展開談判。1985年3月，大藏相的私人諮詢機構外國外匯等審議會發表了「關於日元國際化」的答辯，日元國際化戰略正式拉開序幕。

就日本而言，戰後日元客觀上被低估，按照購買力平價估算，日元在20世紀80年代初期大約被低估了20%。那時日本已成為世界第二大經濟體，日元是世界第三大儲備貨幣，因此日元已經具備了升值基礎，而日本政府也希望日元升值。一方面，日本政府希望通過日元升值，保持日元堅挺態勢，提高日元吸引力，順利推進日元國際化進程；另一方面，通過日元升值削減日本貿易收支盈餘，有助於調整日本經濟結構。美國對日元升值的意願更強，1987年對日本貿易赤字已占美國總貿易赤字的43.3%，美國希望通過日元升值控制對日貿易逆差態勢。在各國都存在利益關切點的背景下，「廣場協議」拉開了日元升值的序幕（見圖4-9）。

日本經濟並未受日元升值的打擊，反而在信心膨脹、投資膨脹和消費膨脹的帶動下出現了將近7年的經濟繁榮期，1988年日本不變價GDP出現了6.5%的增長速度（王允貴，2004）。20世紀80年代後期日本經濟繁榮在美國掀起了一股研究日本成功神話的熱潮，「日美逆轉」一詞在日美各界頻繁出現，[①] 日本

---

① 1987年美國由戰後世界最大的債權國變為對外純債務國，而日本則成為世界最大的債權國；日美兩國人均國民生產總值也出現了逆轉。

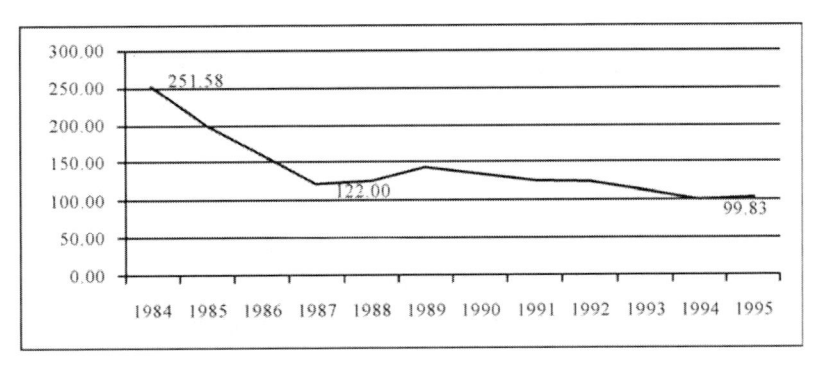

图 4-9　1985—1995 年日元兑美元汇率走势

数据来源：日本统计局网站。

政府似乎也沉浸在自我陶醉之中，以至於對日元過度升值掉以輕心。日元升值降低了日本原材料進口成本、抑制了通貨膨脹，加上日本企業加強管理，日本出口制造業生產力有所提高，這也使越來越多的人相信日元將繼續堅挺，當時甚至有人散布「如果日元升值到 1 美元 = 70 日元，日本以美元計價的 GDP 將超過美國」，而日本當局對此採取放任態度（菊地悠二，2002）。

日元持續升值帶來了「日元會更值錢」的信心膨脹和投資膨脹，並很快在日本股票市場和房地產市場形成價格泡沫。面對泡沫破裂的嚴重局面，日本政府慌忙應對，結果兩次踏錯制動閥和油門：在泡沫正在破滅本該進行抑止的時候採取了放鬆金融管制措施，而在泡沫結束時反而實行金融緊縮政策。日本經濟進入漫長的「平成蕭條」時期。

到了 1990 年，日本出口和進口貿易以日元結算的比重為 37.5% 和 14.5%，分別比 1980 年提高了 8.1 和 12.1 個百分點；從全世界統計來看，1990 年日元在世界出口貿易的結算比重增至 8.18%，其中日本以外的發達國家占 9.16%，發展中國家占 19.12%，而在發展中國家中，又以亞洲為重點（張義龍，1999）。可以看出，這期間的十多年裡，日元升值所帶來的繁榮

景象、市場信心和投資膨脹使日元更大發揮了國際貿易結算貨幣的功能，日本似乎正在不斷靠近「形成美元、德國馬克、日元三極通貨體制」的日元國際化目標。

4.5.3 「失去的二十年」下日元匯率反覆波動時期：1995年4月至今

1995年4月下旬，西方七國在「匯率變動有秩序反轉」上達成一致，市場出現了美元反轉。日元在經歷1美元兌79.75日元的歷史高位以後，開始走向貶值：1995年8月初1美元兌90日元，8月末在100日元上下波動，1996年4月，日、美一致同意保持在108日元的水平上，但7月初繼續貶值為110日元，1997年2月達到了120日元，1998年8月貶至144.78日元。日元持續貶值引起市場對日元貶值牽動股價下跌的擔心，隨後引發拋售日元、拋售日本股票的「拋售日本」風潮。「如今的日元貶值就是日本經濟虛弱的象徵」，這已經逐漸成為人們的普遍看法，「日本問題」已經浮現出來。[①]「日本問題」反應出日本金融國際化進程的失敗和亞洲貨幣匯率製度的脆弱性，日本金融改革迫在眉睫，同時日本也更有意於說服亞洲貨幣放棄釘住美元的匯率製度。

1995年開始的日元貶值助推了1997年亞洲金融危機，而亞洲金融危機的爆發又推動了日元的進一步貶值，日元持續貶值進而阻礙了東亞經濟從危機中復甦（馬文秀，1999；關志雄，2002）。1997年亞洲金融危機對包括日本在內的東亞國家造成了巨大衝擊，各國開始再次對國際金融貨幣體制進行深層次思考。

---

① 所謂日本問題，包括兩大問題：一是日本自身的問題，主要體現在日本經濟結構不合理、金融體系不健全；二是線性國際金融體系的問題，即亞洲貨幣大多實行事實上的釘住美元匯率製度，對美元高度依賴。

日本再次將日元國際化戰略提上議事日程，日元國際化戰略改弦更張為「日元亞洲化」戰略。不過日本政府積極推動日元亞洲化的種種努力似乎收效甚微，在貿易結算方面，2001—2004年日本出口貿易以日元結算的比重上升了6個百分點，約為40.1%，但是進入2005年以後，該比重則下降為39.3%（陳暉，2011）。日元難以撼動美元在亞洲的傳統勢力。

儘管日元對美元匯率在2002—2005年總體呈現升值趨勢（見圖4-10），但這主要不是因為日本相對美國經濟走強，而是美國實行「弱勢美元」政策和「9·11」恐怖襲擊以及會計誠信危機的結果，日本經濟仍然沒有擺脫通貨緊縮和持續低迷的困境。2005—2007年，日元又進入貶值期，這與日本這一時期的經濟基本面背道而馳，究其原因，主要是日本政府偏好日元貶值、日元零利率、日元面臨的升值壓力較小和日本政壇不穩影響日元市場信心（崔正強，2008）。日元貶值體現了日本政府逃避維護區域金融穩定的責任，不利於東亞區域金融貨幣合作，也使日本政府推動日元國際化的努力功虧一簣，日元貶值及貶值預期使得國際社會不願意以日元作為結算貨幣。

2008年國際金融危機爆發以後，美聯儲實行量化寬鬆的貨幣政策，其財政赤字也達到空前規模，市場對美元的信心大幅下挫，導致美元貶值。2012年3月安倍再次擔任日本首相以後積極推行「安倍經濟學」，主張通過提高通貨膨脹率、推動日元貶值以及採取更為激進的金融政策和靈活的財政政策等措施重整日本經濟。日元對美元匯率迅速貶值，雖然日本出口競爭力得以提高，但「3·11」日本大地震和福島核泄漏事故之後，日本進口需求猛增，日元貶值顯然不利於日本進口（易憲容，2013）。目前來看，「安倍經濟學」在部分領域取得較好的經濟效果，但受制於各種制約因素，其長期經濟效應仍有待觀察，日元國際化在多大程度上受此影響也仍需仔細考證。2016年1

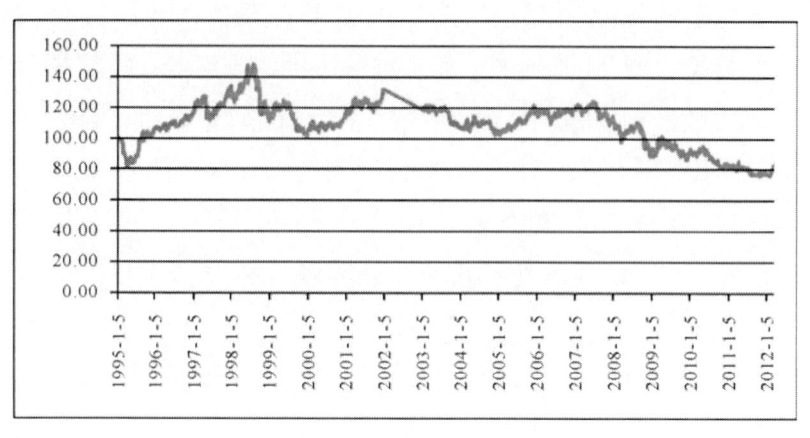

图 4-10 1995—2012 年日元兑美元汇率走势

数据来源：IMF 网站。

月以来，日本实行负利率政策，而且根据 2016 年 G7 峰会日本银行行长的表态，日本似乎还会进一步执行这种负利率政策，并实行日元弱化策略。2015 年 11 月 IMF 董事会决议降低了日元在 SDR 的权重，这也是日元国际影响力削弱的一个体现。

4.6　欧元

在欧共体各成员国的共同努力下，欧元于 1999 年 1 月 1 日如期诞生，11 种主权货币逐步完成向欧元的转换，同时以 1∶1 的比例兑换欧洲货币单位。截至 2014 年 1 月 1 日，欧元区共有 18 个成员国。欧洲最终实现了货币一体化的梦想，成为世纪之交全世界瞩目的焦点。欧元作为人类历史上第一个超主权货币，在人类历史进程中树立了重要的里程碑。

图 4-11 显示了从欧元诞生至今对美元的汇率走势图，由此我们可以将欧元汇率走势大致划分为三个阶段。

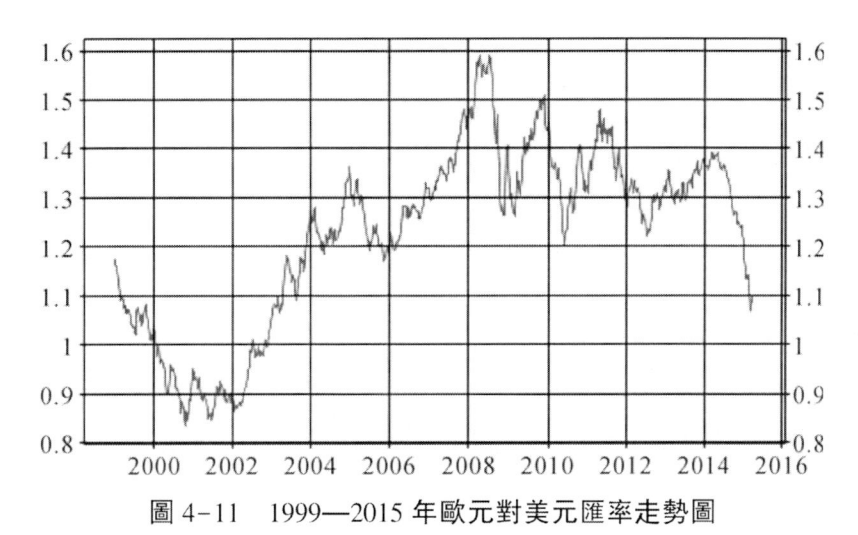

圖 4-11　1999—2015 年歐元對美元匯率走勢圖
數據來源：歐洲央行網站。

4.6.1　歐元誕生之初的貶值時期：1999 年 1 月至 2000 年年底

從 1991 年 1 月 1 日歐元誕生之日到 2002 年 1 月 1 日歐元正式上市，是歐元的過渡期，市場因歐元面臨眾多不確定因素傾向於看空歐元，歐元匯率趨於疲軟。歐元誕生時，1 歐元 = 1.178,9 美元，此後的兩年時間裡，歐元匯率一路走低，2000 年 10 月曾達到最低點，即 1 歐元 = 0.825,2 美元，貶值幅度達 30%。歐元區和美國在經濟基本面上存在較大差距，且歐元作為信用貨幣在一般性質上存在缺陷是歐元疲軟的根本原因。此外，歐洲央行對歐元匯率走低採取「善意的忽視」態度、2000 年秋石油價格上漲、2000 年 9 月丹麥全民公決否決丹麥加入歐元區等事件對歐元走低具有推波助瀾的作用，在這些因素的綜合作用下，市場對處於過渡期中的歐元持有觀望態度和貶值預期（唐雅暉，2001；楊偉國，2001；多米尼克·索爾韋托瑞，2006）。

歐元作為歐洲經濟一體化的貨幣體現，在誕生之初主要是

在歐盟內部使用。2000 年歐元區對外貿易總額占世界的比重為 32%，是同期美國的兩倍，歐元將在國際貿易結算中占據 16% 的份額，但仍然遠低於美元的 48%。

4.6.2　歐元正式流通後歐元升值時期：2001 年初至 2008 年下半年

2000 年美國互聯網經濟泡沫破滅，當時預測機構認為美國經濟增長率急遽下降，歐盟有望在 2001 年以更快的速度增長，於是歐元對美元匯率在 2001 年初開始升值。2001 年「9·11」恐怖襲擊事件發生後，美國作為投資者「安全天堂」的角色慢慢失去，美國利率低於歐元區利率使國際資本流向歐元區，加之美國不斷擴大的「雙赤字」使得歐元對美元匯率長期處於升值趨勢。尤其是 2002 年 1 月 1 日歐元紙幣和硬幣正式進入歐元區的流通領域，成為完全意義上的現代貨幣，歐元成為歐元區唯一的法償貨幣（楊偉國，2002），市場對歐元的信心大振。經歷短期震盪以後，歐元對美元匯率一路走高，在國際金融危機爆發前夕的 2008 年 4 月達到歷史最高點 1 歐元 = 1.601,0 美元，相比 2000 年底的歷史最低點，歐元對美元升值幅度接近 100%。

2002 年歐元正式流通以後，歐元步入穩定發展階段，由於歐元區經濟在此後幾年裡發展勢頭良好，而美國經濟頻陷困境，所以歐元對美元走強勢頭持續了近八個年頭，非洲法郎區、中東國家、地中海國家在對外貿易中也逐漸增加對歐元的使用，歐元在國際貿易結算的份額提高到 25%（何深思，2002）。不過，歐元在歐盟內部國際貿易計價結算中仍然占據主導地位，美元在亞太地區仍然具有絕對性優勢（見表 4-8）。

表 4-8　　1999—2008 年歐元在不同地區對外貿易結算貨幣所占份額（%）

地區	年份	出口 歐元	出口 美元	進口 歐元	進口 美元
歐元區	1999	51.4	35.53	42.47	46.13
	2000	43.73	41.6	41.35	52.73
	2001	45	46.58	44.16	49.85
	2002	50.13	36.58	46.83	42.1
	2003	55.54	31.14	50.53	38.76
	2004	57.96	30.58	51.81	38.45
	2005	—	—	—	—
	2006	59.5	—	48.8	—
	2007	59.6	—	47.9	—
	2008	63.6	—	47.5	—
歐盟其他國家	1999	48.43	34.68	50.71	32.6
	2000	50.52	34.12	52.36	33.11
	2001	54.02	31.03	54.94	31.25
	2002	58.01	28.68	57.51	30.68
	2003	60.85	25.4	59.41	27.92
	2004	56.18	24.62	61.02	27.15
	2005	—	—	—	—
	2006	62.5	—	62.3	—
	2007	64.3	—	63.6	—
	2008	65.7	—	63.6	—

表4-8(續)

地區	年份	出口		進口	
		歐元	美元	歐元	美元
亞太地區	1999	1.72	75.17	4.75	72.96
	2000	7.2	76.84	3.6	72.28
	2001	3.3	79.72	6.1	73.97
	2002	4.95	77.78	6.52	72.33

數據來源：1999—2004年的數據來源於Annette Kamps. The Euro as Invoicing Currency in International Trade. ECB Working Paper Series NO. 665，August 2006；2006—2008年的數據來源於European Central Bank. The International role of the Euro [R]. July 2013，pp79-81.

4.6.3 國際金融危機中歐元匯率頻繁波動時期：2008年底至今

正當歐元蒸蒸日上，各界廣泛看好甚至預測未來10—20年歐元將取代美元成為主導國際貨幣時（Chinn和Frankel，2008），歐元迎來了自誕生以來最嚴重的一次危機。歐元區本身存在的難以克服的機制缺陷就像定時炸彈，隨時可能一觸即發，2008年國際金融危機就是2009年歐債危機這顆定時炸彈的觸碰點。國際金融危機嚴重打擊了嚴重依賴旅遊、航運等外需的歐元區外圍國家的經濟，[①] 希臘經濟首先拉響警鈴。2009年11月，希臘財政部長宣布其2009年財政赤字占該國當年GDP的12.7%，遠高出預計的6%，更是遠遠超出《馬約》規定的上限

---

① 歐元區外圍經濟體也被稱為南方國家，包括塞浦路斯、希臘、義大利、馬耳他、葡萄牙和西班牙等經濟欠發達國家；歐元區核心國也被稱為北方國家，包括奧地利、比利時、芬蘭、法國、德國、愛爾蘭、盧森堡和荷蘭等經濟發達國家。

3%。該宣布迅速在國際市場上引起軒然大波，葡萄牙、義大利、愛爾蘭和西班牙（與希臘一道被稱為「歐洲五豬」，PIIGS）也相繼陷入危機，隨後，危機蔓延至德、法等歐元區的核心國家，金融市場表現出恐慌情緒，甚至出現拋售歐元的銀行擠兌現象，歐元匯率大幅下跌，整個歐元區面臨成立以來最嚴峻的考驗。歐債危機持續發酵，歐元前景尚不明朗，市場懷疑甚至否定歐元的論調逐漸增多，這加劇了歐元匯率的波動性。

2008年至今，歐元對美元的匯率先是貶值，之後在1.5~1.2的區間反覆波動，雖然歐元匯率頻繁波動對歐盟內部貿易使用歐元結算沒有造成太大影響（見表4-9），但對歐元區以外，尤其是本幣釘住美元的國家和地區影響重大。以中國為例，考慮到歐元前景不明朗，中國進出口商盡量爭取對歐洲的出口以人民幣結算，如果歐洲進口商不同意以人民幣結算，那就使用美元。

由於歐元自身固有的缺陷不可能在短期內得到根本解決，所以即便歐元匯率能較快回升，支持其匯率穩定的基礎仍很脆弱（楊偉國，2001）。因此，要讓歐元匯率保持穩定，增強市場信心，更好推動歐元在國際經濟活動中的使用，必須解決歐元區存在的根本問題，否則下一枚炸彈很可能像歐債危機一樣一觸即發。

表4-9　　　　2009—2012年歐元作為

國際貿易計價結算貨幣的份額（%）

			2009	2010	2011	2012
貨物貿易	歐元區內部	出口	64.1	63.6	64.9	62.5
		進口	45.2	49.5	49.8	49
	其他歐盟國家	出口	68.9	66.7	65.4	66.4
		進口	65.2	63.2	62.5	61.2

表4-9(續)

			2009	2010	2011	2012
服務貿易	歐元區內部	出口	53.4	52.6	54.2	52.1
		進口	56.1	56.8	58.8	58.4
	其他歐盟國家	出口	68.1	62.7	63.6	63.4
		進口	65.4	62.7	60.9	59.2

註：歐元區外國家為保加利亞、捷克、立陶宛、拉脫維亞、波蘭和羅馬尼亞。

數據來源：European Central Bank. The International role of the Euro [R]. July 2013, pp79-81.

近年來，英國內部有關脫離歐盟的呼聲甚囂塵上，英國政府也於2016年6月23日舉行全民脫歐公投。公投最終使得英國脫離歐盟，這表明歐盟內部不斷增長的離心力，這為歐盟經濟蒙上更多不確定性，也為歐元能否繼續保有堅固的經濟基礎抹上一層陰影。

4.7 本章小結

本章從國際貨幣經濟史的角度出發，較為詳細地梳理了六種國際貨幣的匯率對各自國際結算功能所產生的影響，試圖通過國際比較，總結出一般規律，以更好地為中國跨境貿易人民幣結算理論和實踐提供前車之鑒。通過本章對六種國際貨幣匯率走勢及其結算功能實現的回顧，筆者提煉出以下一般性結論：

第一，長期來看，匯率穩定是一國穩定和擴大該國貨幣發揮國際結算功能的必要但不充分條件。當一國貨幣已經具備一定國際結算功能時，匯率穩定是增強境外持有需求的基礎和前

提，也是該國貨幣鞏固和擴大國際貿易結算份額的保證。反過來，一國匯率穩定，不意味著該國貨幣能發揮國際結算功能，比如當今世界仍然普遍盛行的釘住貨幣匯率製度，釘住國和被釘住國、其他釘住同一貨幣的國家長期保持匯率穩定，但由於這種穩定不是來源於釘住國經濟基本面的穩定，而是貨幣當局對匯市進行干預的結果，因此這些釘住國貨幣難以發揮國際結算職能。

第二，一種貨幣的國際地位發生變化，會直接反應到其匯率波動性上。當然，市場最關注的仍然是該貨幣國際地位變化對其匯率的深層含義，從時間上就表現為市場更關注該貨幣的長期匯率。一般而言，一國內外經濟在規模和結構上取得較快發展，就使該國貨幣發揮國際貿易結算功能更具市場基礎，該國貨幣在國際外匯市場的需求增大勢必引起該國貨幣的升值，這是該國經濟基本面向好發展的必然結果。隨著該國內外經濟發展逐步趨於穩定，市場出於對該國經濟和相關政策的信心，會繼續擴大使用該貨幣進行跨境貿易結算，此時該國貨幣匯率保持相對穩定；一旦該國經濟陷入經濟週期性衰退，而市場對該國走出衰退持悲觀態度時，該國貨幣的境外需求意願會迅速降低，該國貨幣匯率也由此開始踏上貶值之路。一國匯率的短期波動一般不會影響該國貨幣的國際地位。

第三，一國實行獨立的貨幣政策和建立富有彈性的匯率形成機制與該國貨幣擴大國際貿易結算功能之間具有良好的互動關係。這一點可以從德國馬克擴大發揮國際貿易結算功能上得到很好的體現。以市場供求為基礎形成的匯率本身就是經濟自動調節器，當一國經濟失衡時，匯率會對此做出反應，並最終將該國經濟調整回內外均衡狀態。當然，只有保證貨幣政策獨立性和匯率形成機制市場化，匯率自動調節器功能才得以正常發揮。德國馬克在國際化過程中經歷了升值、貶值、再升值的

過程，這些都是德國馬克在德國貨幣政策獨立和匯率市場化程度高的製度環境中自然形成的，增添了市場對德國馬克的信心，也使德國馬克在國際貿易結算中的比重穩步提高。相比之下，日本央行頻頻干預外匯市場，雖然干預效果不具持久性和有效性，卻經常帶來日元匯率的扭曲，進而打擊了國際市場對日元的信心。

5 人民幣匯率對跨境貿易人民幣結算政策效果的影響分析

5.1 跨境貿易人民幣結算的政策目標

　　如前所述，中國在每個階段試行跨境貿易人民幣結算幾乎都和匯率風險緊密相關。從圖 5-1 可以看出，2008 年國際金融危機爆發後，人民幣兌 SDR 的匯率波動顯著擴大，匯率方差由 2007 年第 1 季度—2008 年第 2 季度平均 0.007,7 擴大到 2008 年第 2 季度—2009 年第 2 季度的 0.033，波動浮動擴大 3.29 倍。2012 年第 2 季度，人民幣兌 SDR 的匯率波動急遽擴大，反應出中國人民銀行宣布再度擴大人民幣兌美元匯率單日波動幅度的政策效應，即自 2012 年 4 月 16 日起，銀行間即期外匯市場人民幣兌美元交易價浮動幅度由 5‰擴大到 1%；自 2014 年 3 月 17 日起，銀行間即期外匯市場人民幣兌美元交易價浮動幅度由 1% 擴大至 2%，銀行的現匯買賣差價與當日中間價之差由 2% 擴大到 3%。

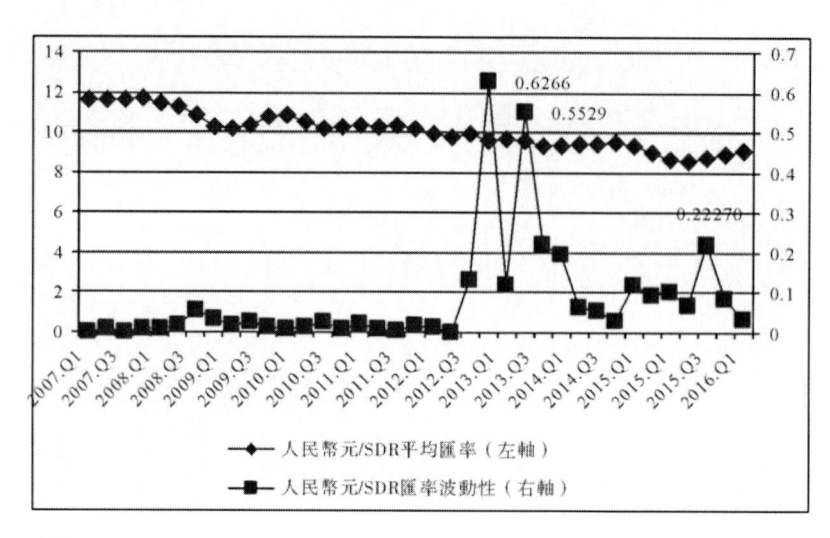

圖 5-1　2007—2016 年人民幣與 SDR 的兌換比率及其波動情況

註：季度數據為相應季度的人民幣與 SDR 兌換比率日度的均值和方差。

數據來源：IMF 網站。

2015 年上半年，人民幣匯率基本保持穩定，但是 2015 年下半年至今，人民幣匯率呈現貶值趨勢。2015 年 8 月 11 日上午，央行公布人民幣兌美元匯率中間價報 6.229,8，較上一個交易日貶值 1,136 點，下調幅度達 1.9%，為歷史最大單日降幅；12 日，人民幣兌美元中間報價 6.330,6，較上一交易日貶值 1,008 點；13 日，人民幣兌美元再度下調 704 點，中間報價 6.401,0。從圖 5-1 也可以看出，2015 年以來，人民幣對 SDR 的匯率波動更頻繁，這為中國對外貿易商帶來更大的不確定性。

本章第二節將運用計量經濟學的 GARCH 模型族分析中國企業面臨的外匯風險程度，以此論證跨境貿易人民幣結算政策的現實經濟依據。在第二節的研究基礎上，第三節將運用 Gravity 模型，對目前中國跨境貿易人民幣結算政策是否實現初衷進行效果評估，最後根據所得結論重點分析人民幣匯率對跨境貿易

人民幣結算政策效果的影響。

5.2 中國外貿企業的匯率風險測量
——基於 GARCH 模型族的實證研究

GARCH 模型是 Bollerslev（1986）在 ARCH 模型（Engle, 1982）的基礎上發展起來的廣義自迴歸條件異方差模型，此後相繼衍生出 TGARCH 模型（Zakoian, 1990）、GJR 模型（Glosten 等, 1993）、EGARCH 模型（Nelson, 1991）、APGARCH 模型（Ding 等, 1993）等十多種更具研究特定性的自迴歸條件異方差模型，共同構成 GARCH 模型的家族體系。GARCH 模型族能很好地刻畫市場瞬息時變的特徵，借助高頻金融數據捕捉資產收益率波動的分佈和異方差現象，能綜合有效地反應金融資產波動風險程度，在匯率波動風險研究方面運用廣泛。

徐煒、黃炎龍（2008）對 GARCH 族的 11 種模型進行系統的比較和分析，GARCH 族各個模型的均值方程都是 $y_t = E(y_t | \Omega_{t-1}) + \varepsilon_t$，區別在於條件方差方程。本節先分析人民幣實際有效匯率波動率的統計特徵，然後根據 GARCH 家族不同模型的適用條件和適用範圍選擇合適的 GARCH 模型，最後測量中國外貿企業面臨的匯率風險程度。

5.2.1 人民幣實際匯率波動率序列的統計特徵

（1）描述性統計特徵

本節實證分析以 1994 年 1 月至 2016 年 4 月人民幣實際有效匯率指數 $REER_{cn}$ 為樣本，共計 268 個觀測值，滿足 GARCH 模型要求樣本量至少 200 個的條件（惠曉峰等，2003），數據來源於國際清算銀行（BIS）。之所以選擇此期間的數據，是因為

1994年1月1日中國開始實行以市場供求為基礎的、單一的、有管理的浮動匯率製度,雖然中國實際上仍然釘住美元,但實際匯率指數還是可以通過貿易權重的調整(見表5-1),較為真實全面地反應樣本期間中國外貿企業面臨的匯率風險情況。

表5-1 人民幣實際有效匯率指數貿易權重籃子(%)

時間(年)	美國	歐元區	日本	韓國	臺灣	香港	新加坡	加拿大	英國	其他
1994—1995	20.3	17.8	26.1	6.2	5.0	5.8	2.3	2.1	2.2	12.4
1996—1998	22.7	17.2	23.2	7.2	4.4	4.4	2.8	2.2	2.5	13.3
1999—2001	24.0	16.6	21.8	7.0	4.4	3.3	2.5	2.5	3.2	14.5
2002—2004	21.9	17.9	20.0	7.9	6.0	1.2	2.6	2.4	3.0	17.0
2005—2007	20.9	18.6	16.7	8.3	6.5	0.8	3.0	2.6	3.0	19.8
2008—2010	19.0	19.6	15.9	7.9	5.8	0.6	2.7	2.2	2.8	23.6
2011—2013	17.8	18.7	14.1	8.5	5.6	0.8	2.7	2.1	2.9	26.8

資料來源:BIS網站。

為了考察人民幣實際匯率的波動情況,需要對原始序列進行如下處理:首先,取原始序列的對數 ln(REER$_{cn}$);然後,取對數時間序列的一階差分,記為 R_t,R_t = Dln(REER$_{cn}$)$_t$ = ln(REER$_{cn}$)$_t$ - ln(REER$_{cn}$)$_{t-1}$,此即人民幣實際匯率波動率。圖5-2直觀反應了 R_t 的波動特徵。從圖5-2可以看出,人民幣實際有效匯率波動率從時間上呈現出明顯的時變性、突發性和集簇性特徵,即 R_t 序列整體呈現出不規則運動趨勢,局部呈現「小波動之後跟著小波動,大波動之後跟著大波動」的現象。從圖形上看,初步判斷 R_t 序列在樣本期間不存在結構性變化特徵,不考慮使用研究方差結構性變化的 TGARCH 模型、GJR 模型。

R_t 序列的均值(Mean)為0.002,306,標準差(Std. Dev.)為0.015,0,標準差是均值的6.52倍,初步說明 R_t 序列波動比較劇烈;偏度(Skewness)為-0.044,小於0,說明 R_t 序列具

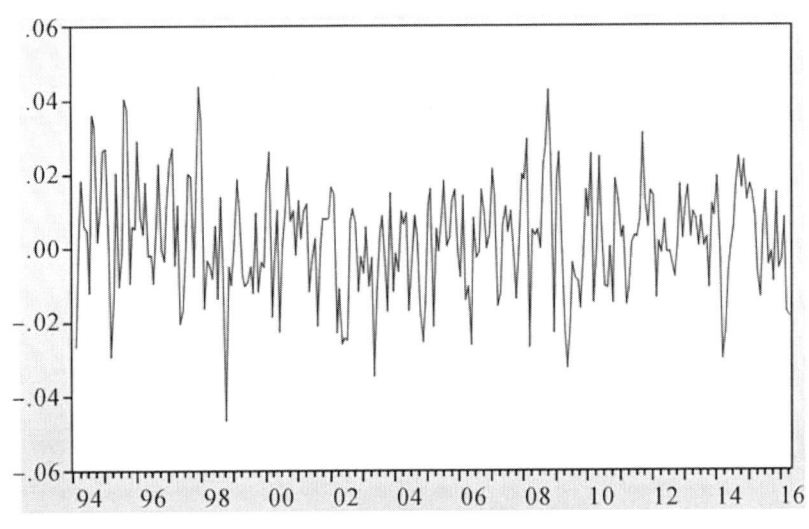

圖 5-2 人民幣實際有效匯率波動率

有左拖尾分佈；峰度（Kurtosis）為 3.112，接近正態分佈峰度值 3；Jarque-Bera 統計量為 0.228，P 值為 0.892，不拒絕 R_t 序列服從正態分佈的原假設。因此，基於正態分佈假設的 GARCH 模型可以在本節實證分析中得以運用。

（2）平穩性與自相關性檢驗

時間序列經濟模型應該先考察平穩性問題，以避免偽迴歸問題。目前，經濟學領域運用較廣的平穩性檢驗方法主要有兩大類：一是單位根檢驗法，比如 DF 檢驗、ADF 檢驗等；二是非參數檢驗法，比如 PP 檢驗、KPSS 檢驗等。呂光明（2004）對常用的平穩性檢驗方法進行比較研究後認為，不同平穩性檢驗方法之間各有優劣，為了便於比較和統一，得到更為可靠合理的結論，最好綜合運用不同的檢驗方法。筆者對 R_t 序列分別進行 ADF、PP 和 KPSS 平穩性檢驗，檢驗結果如表 5-2 所示。從圖 5-2 可以看出，R_t 圍繞 0 上下波動，因此在進行單位根檢驗時，選擇 ADF 的統計量迴歸方程中不含截距項和時間趨勢項。檢驗結果表明，R_t 序列是平穩序列，服從 I（0）過程。

表 5-2　　　　　　　　R_t 序列平穩性檢驗結果

檢驗方法	統計量	P 值或臨界值	檢驗結論
ADF	-12.204	0.000,0	在 1% 的顯著性水平下拒絕存在單位根的原假設，序列平穩
PP	-12.275	0.000,0	在 1% 的顯著性水平下拒絕存在單位根的原假設，序列平穩
KPSS	0.151,9	臨界值： 1% 顯著性水平：0.216 5% 顯著性水平：0.146 10% 顯著性水平：0.119	在 1% 的顯著性水平下拒絕存在單位根的原假設，序列平穩

　　運用 GARCH 模型的前提是數據序列存在 ARCH 效應，殘差平方自相關檢驗是判斷數據序列是否存在 ARCH 效應的常用方法，該方法的檢驗步驟如下：第一步，R_t 序列除趨勢，提取波動部分作為殘差序列，即 $RE_t = R_t - 0.002,306$；第二步，取 RE_t 序列的平方項，$S_t = RE_t^2$；第三步，對 S_t 序列進行自相關檢驗，若檢驗結果不拒絕原假設，則從統計意義上無法認為 R_t 序列存在 ARCH 效應，反之則可判斷 R_t 序列存在 ARCH 效應，適合建立 GARCH 模型。

　　圖 5-3 為 S_t 序列的自相關性質分析圖，檢驗結果顯示，S_t 序列除了 9 階滯後項接受不存在自相關的原假設之外，其他階數的滯後項拒絕不存在自相關的原假設，這表明 S_t 序列存在 ARCH 效應，建立 GARCH 模型具備前提條件。

Autocorrelation	Partial Correlation		AC	PAC	Q-Stat	Prob
		1	0.187	0.187	9.3968	0.002
		2	−0.007	−0.043	9.4094	0.009
		3	−0.040	−0.032	9.8526	0.020
		4	0.037	0.053	10.234	0.037
		5	0.037	0.019	10.614	0.060
		6	0.013	0.003	10.663	0.099
		7	0.088	0.093	12.788	0.077
		8	0.082	0.051	14.634	0.067
		9	0.006	−0.019	14.644	0.101
		10	0.135	0.155	19.729	0.032

圖 5-3　人民幣實際匯率波動率殘差平方序列自相關分析圖

（3）異方差檢驗

GARCH 族模型之間的區別，主要在於方差方程的差異上，這種差異可以表現在方差的結構性變化、概率分佈等，因此考察方差方程的性質對 GARCH 族模型選擇至關重要。這就需要通過估計 R_t 序列的均值方程，得到殘差序列，以此作為真實方差的統計量，通過對殘差序列的異方差檢驗判斷真實方差的特徵。在估計 R_t 序列均值方程之前，需要確定 R_t 序列的滯後分佈階數。表 5-3 為 FPE、AIC、HQIC、和 SBIC 標準下的信息值，FPE、AIC、HQIC 標準都表明，R_t 序列的最優滯後階數為 4 階，按照 SBIC 標準的最優滯後階數為 3 階。

表 5-3　　　R_t 序列最優滯後階數的判斷結果

滯後階數	FPE	AIC	HQIC	SBIC
0	0.000,323	−5.200,66	−5.194,93	−5.186,45
1	0.000,301	−5.270,49	−5.259,05	−5.242,07
2	0.000,27	−5.378,79	−5.361,63	−5.336,17
3	0.000,251	−5.452,97	−5.430,09	−5.396,13*
4	0.000,249*	−5.461,28*	−5.432,68*	−5.380,24
5	0.000,25	−5.456,81	−5.422,49	−5.371,56

取最大滯後階數 p=4，q=4，建立關於 R_t 序列的 ARMA 模型。表 5-4 整理了不同（p，q）組合下 ARMA 模型的 AIC、SIC 信息值和 IAR、IMR 特徵根。AIC 和 SIC 信息值最小的（p，q）組合為（3，2），但是由於 ARMA（3，2）模型的 AR 方程特徵根（IAR）為虛數，不在（-1，1）之間，所以 ARMA（3，2）模型不穩定；AIC 和 SIC 信息值次小的模型 ARMA（4，3）的 AR 特徵根和 MR 特徵根同樣因為存在虛數單位根，而可能使 ARMA 模型無法收斂。從表 5-4 可以看出，只有 ARMA（1，1）和 ARMA（1，2）模型具有收斂性。根據信息準則最小原則，ARMA（1，2）模型最終得以選擇。

表 5-4　　ARMA（p，q）的信息值和特徵根

(p，q)	AIC	SIC	IAR	IMR
(1，1)	-5.642,03	-5.600,01	0.02	-0.32
(1，2)	-5.650,26	-5.594,24	0.95	0.96
(1，3)	-5.629,68	-5.559,65	-0.14	0.25，-0.36±0.31i
(1，4)	-5.622,99	-5.538,95	0.27	0.36±0.27i，-0.39±0.35i
(2，1)	-5.631,68	-5.575,5	0.10±0.27i	-0.13
(2，2)	-5.632,15	-5.561,92	-0.08±0.71i	-0.23±0.70i
(2，3)	-5.633,68	-5.549,41	-0.45±0.86i	-0.34
(2，4)	-5.719,58	-5.621,26	0.00±0.98i	0.01±0.99i
(3，1)	-5.624,19	-5.553,76	0.43，0.07±0.38i	0.22
(3，2)	-5.720,75	-5.636,24	0.34，0.00±0.98i	0.01±0.99i
(3，3)	-5.625,91	-5.527,31	0.95，-0.06，-0.7	0.96，-0.47，-0.63
(3，4)	-5.703,03	-5.590,35	-0.78，0.00±0.98i	-0.37，0.01±0.99i，-0.74
(4，1)	-5.617,09	-5.532,34	0.52，0.06±0.55i，-0.49	-0.18
(4，2)	-5.713,64	-5.614,76	0.18±0.13i	0.02±0.99i
(4，3)	-5.704,07	-5.591,06	0.34，0.00±0.98i，-0.8	-0.82，0.01±0.99i
(4，4)	-5.649,22	-5.522,08	0.95，-0.08，-0.24±0.93i	0.96，-0.28±0.95i，-0.36

ARMA（1，2）模型的估計結果如表 5-5 所示。ARMA（1，2）是 R_t 序列的均值方程，由此得到均值方程的殘差 e_t，作為 R_t 序列真實方差的估計量。對 e_t 序列進行 LM、White 異方差檢驗，

計算得到 LM 統計量為 28.31，大於 1% 顯著性水平下 χ^2（2）的臨界值 9.21，拒絕殘差序列 e_t 同方差的原假設。White 檢驗統計量的 P 值為 0.001，同樣拒絕殘差序列 e_t 同方差的原假設。

表 5-5　　　　ARMA（1, 2）模型估計結果

被解釋變量	估計系數	標準差	t 統計量	P 值
C	-0.001,12	0.001,258	-0.889,27	0.374,7
AR（1）	0.950,509	0.050,108	18.969,17	0.000,0
MA（1）	-0.631,27	0.078,303	-8.061,94	0.000,0
MA（2）	-0.317,05	0.062,409	-5.080,17	0.000,0
R2	0.115,5		F 統計量 P 值	0.000,0

（4）CUSUM 變結構檢驗

上文對 R_t 序列進行描述性統計分析時，初步判斷 R_t 序列的水平序列和波動序列不存在結構性變化，下一步將通過 CUSUM 變結構檢驗進行更為嚴謹的考察。Andrews（1993）提出對 ARCH 模型進行 CUSUM 變結構檢驗，Andreou 和 Ghysels（2002）對此進行擴展。從圖 5-4 可知，在 5% 的顯著性水平下，R_t 的水平序列和波動序列沒有表現出明顯的結構性變化特徵。

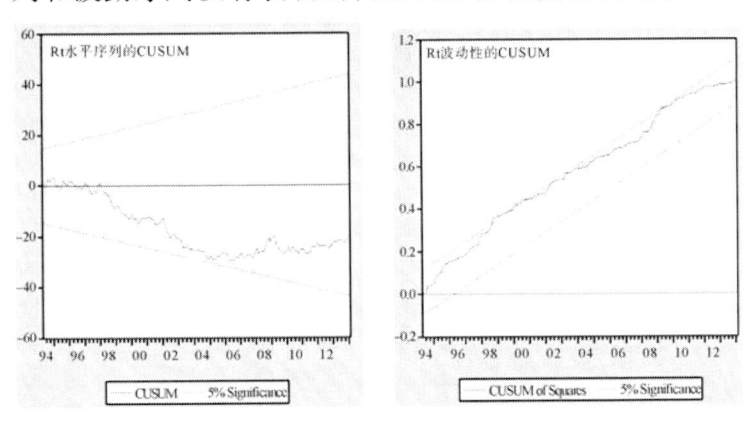

圖 5-4　人民幣實際有效匯率序列的 CUSUM 變結構檢驗

綜合以上分析，下文將對 R_t 序列建立的 GARCH 模型考察

人民幣實際有效匯率波動的集簇性和持久性；隨後通過建立EGARCH模型考察市場在面對利好和利空兩種消息時，人民幣實際有效匯率波動是否對稱。

5.2.2 GARCH 模型族實證分析

(1) 基於 GARCH 模型的波動性實證分析

Taylor（1986）指出，對大部分的金融數據而言，GARCH（1,1）模型足以給出比較理想的結果。為了便於比較和分析，筆者分別建立了 GARCH（1, 1），GARCH（1, 2），GARCH（2, 1）和 GARCH（2, 2）模型，結果如表5-6所示。對比這四個GARCH模型，我們不難發現，在 GARCH（2, 2）模型中，所有估計系數都在10%的顯著性水平下顯著，估計效果最為理想。GARCH（2, 2）模型表明 R_t 序列具有明顯的波動集簇特徵；模型中 ARCH 項和GARCH 項的估計參數都大於 0，滿足 GARCH 模型所需滿足的參數約束條件；系數之和離 1 較近，表明一個衝擊對條件方差產生影響所持續的時間較為持久。前文對 R_t 序列的平穩性檢驗表明，R_t 序列服從 I（0）過程，表明 R_t 序列 GARCH（2, 2）模型的條件方差表現出均值迴歸特徵（Mean Reversion），[①] 即人民幣實際有效匯率過去波動對未來的影響逐漸衰減。

表 5-6　　　　　GARCH 模型估計結果

模型	解釋項	被解釋變量:R_t			模型基本統計量
		估計系數	z 統計量	P 值	
G(1,1)	常數項	0.128,1	0.045,7	0.051,3	調整的 R2 為 0.003,952
	ARCH(1)	0.183,7	0.092,3	0.106,5	AIC=－5.567,28
	GARCH(1)	0.074,7	0.164,8	0.869,1	SIC=－5.525,39

---

① 有關均值迴歸的理論和研究進展，可參考宋玉臣. 均值回顧理論和數量分析方法研究最新進展 [J]. 管理科學與統計決策, 2005（01）.

表5-6(續)

模型	解釋項	被解釋變量:R_t			
		估計系數	z 統計量	P 值	模型基本統計量
G(1,2)	常數項	0.138,8	0.080,6	0.133,7	調整的 R2 為 0.003,952
	ARCH(1)	0.150,0	0.142,5	0.793,1	
	GARCH(1)	0.401,2	0.288,6	0.367,8	AIC=−5.557,28
	GARCH(2)	0.000,0	0.619,2	0.535,8	SIC=−5.501,42
G(2,1)	常數項	0.183,1	0.145,8	0.113,9	調整的 R2 為 0.003,952
	ARCH(1)	0.128,0	0.109,2	0.333,9	
	ARCH(2)	0.810,2	0.035,4	0.005,3	AIC=−5.562,16
	GARCH(1)	0.004,1	0.000,5	0.001,5	SIC=−5.506,29
G(2,2)	常數項	0.217,8	0.074,0	0.062,8	調整的 R2 為 0.003,952
	ARCH(1)	0.150,1	0.057,1	0.062,3	
	ARCH(2)	0.224,2	0.105,4	0.088,7	AIC=−5.580,15
	GARCH(1)	0.407,4	0.208,2	0.081,6	SIC=−5.510,32
	GARCH(2)	0.004,0	0.001,9	0.051,3	

(2) 基於 EGARCH 模型的對稱性實證分析

在 GARCH 模型中正負衝擊的影響是對稱的，但事實上，金融市場中正衝擊和負衝擊往往具有不對稱效應。以人民幣實際匯率波動對中國外貿企業的影響為例，中國出口以勞動密集型產品為主，加工貿易是中國對外貿易的主要方式，因此中國出口對人民幣匯率升值衝擊特別敏感；與此同時，中國進口產品多以資源密集型和技術密集型為主，中國企業在進口這些產品時往往是價格的接受者，很難利用人民幣匯率升值獲得收益。因此，對中國外貿企業而言，人民幣匯率升值帶來的衝擊大於人民幣貶值的衝擊。EGARCH 模型正是 Nelson（1991）針對金融市場普遍存在的這種不對稱衝擊現象所提出的模型，其基本方差方程為：

$$\ln\sigma_t^2 = \alpha_0 + \sum_{i=1}^{q}\alpha_i\left|\frac{\varepsilon_{t-i}^2}{\sqrt{\sigma_{t-i}^2}}\right| + \sum_{j=1}^{p}\beta_j\ln\sigma_{t-j}^2 + \varphi_i\frac{\varepsilon_{t-i}}{\sqrt{\sigma_{t-i}^2}}$$

式（5-2-1）

衝擊不對稱性是由參數 φ_i 體現的。當 $\varphi_i<0$ 時，一個單位的負衝擊所引起的波動會大於一個單位正衝擊所引起的波動；當 $\varphi_i>0$ 時，情況正好相反；如果 $\varphi_i=0$，正負衝擊所引起的波動則是對稱的。此外，EAGRCH 模型的條件方差具有指數形式，因此對參數沒有限制，這也構成 EAGRCH 模型的一大優點。對 R_t 序列進行 EGARCH（1, 1）的估計結果為（括號內為 P 值）：

$$\ln\sigma_t^2 = 3.24\times10^{-5} - 0.147\left|\frac{\varepsilon_{t-1}^2}{\sqrt{\sigma_{t-1}^2}}\right| + 0.134\ln\sigma_{t-1}^2 + 0.8\frac{\varepsilon_{t-i}}{\sqrt{\sigma_{t-i}^2}}$$

式（5-2-2）

（0.128）　　　（0.164）　　（0.000）

調整的 $R^2=0.003,9$，極大似然統計量：709，IAR = 0.97，IMR = 0.97。

從上述 EGARCH（1, 1）模型的估計結果可以看出，參數 φ_i 的估計值在 1% 的顯著性水平下為正數，說明人民幣升值所引起的波動大於人民幣貶值相同程度所引起的波動，這也更好地印證了我們的經濟直覺。

本節運用實證分析方法論證了中國實行跨境貿易人民幣結算的政策初衷具有經濟事實根據。一方面，人民幣實際有效匯率波動存在時變性、突發性和集簇性，這增大了中國外貿企業外匯風險管理的難度；另一方面，人民幣升值比人民幣貶值對中國外貿企業具有更大的衝擊，與中國自 2005 年 7 月啟動人民幣匯率改革以來人民幣升值擠佔中國外貿企業生存空間的事實相符合。2008 年國際金融危機爆發後，人民幣對世界主要貨幣匯率波動更為劇烈，整體呈現升值趨勢（見圖 5-1），中國按主

動性、可控性、漸進性原則推動人民幣匯率市場形成機制，也加劇了人民幣匯率的波動程度，這也構成中國政府開始積極全面推進跨境貿易人民幣結算製度的政策背景。

自 2009 年跨境貿易人民幣結算試點推行至今，跨境貿易人民幣結算已經走過七年多的歷程。跨境貿易人民幣結算政策推行的效果如何？有否成功幫助中國外貿企業規避匯率風險？有否促進中國對外貿易便利化？人民幣匯率對跨境貿易人民幣結算政策效果有何影響？本章第三節將運用貿易 Gravity 模型進行實證檢驗，以更好地對以上問題做出解答。

5.3 影響跨境貿易人民幣結算政策效果的匯率因素分析

跨境貿易人民幣結算政策是否真正幫助中國企業規避匯率風險，促進中國企業對外貿易便利化，實際上可以歸結為匯率波動是否對中國對外貿易具有顯著的負向影響。或者說，如果跨境貿易人民幣結算製度確實鎖定了中國企業的匯率風險，那麼由此帶來的匯率風險鎖定效應是否顯著促進了中國對外貿易的發展？下文將採用 2004—2013 年 20 個跨境貿易人民幣結算試點地區的數據，通過構建各地區人民幣實際匯率指數，考察各地區進出口總額對人民幣實際匯率變動的反應方向和反應程度；同時，通過引入政策時間虛擬變量，考察各地區對外貿易總額在 2010 年推行跨境貿易人民幣結算試點以後是否有顯著的增加。

5.3.1 計量模型

傳統的進出口貿易函數可以表示為如下形式：

$$export_d = f\left[\overset{+}{gdp_d},\ \overset{+}{gdp_f},\ \overset{+}{gdppc_d},\ \overset{+}{gdppc_f},\ \overset{+}{e},\ (\overset{+}{p_f/p_d}),\ \overset{-}{vol_e}\right]$$
式（5-3-1）

$$import_d = f\left[\overset{+}{gdp_d},\ \overset{+}{gdp_f},\ \overset{+}{gdppc_d},\ \overset{+}{gdppc_f},\ \overset{-}{e},\ (\overset{+}{p_f/p_d}),\ \overset{-}{vol_e}\right]$$
式（5-3-2）

式（5-3-1）表明，d地區生產總值和人均生產總值的增加有利於增強其出口能力，f地區生產總值和人均生產總值的增加會提高其對d地區產品的需求；e是表示以d地區貨幣對f地區貨幣在直接標價法下的實際匯率，在馬歇爾-勒納條件滿足的情況下，e增大將使d地區的出口增加，改善d地區的國際收支狀況；f地區相對於d地區商品價格p_f/p_d提高，說明d地區產品比f地區產品更具比較優勢，d地區的出口將會增加；實際有效匯率e波動性加劇會削弱d地區的出口額。式（5-3-2）也反應了在其他條件不變的情況下，各變量對進口額的作用方向。由式（5-3-1）和式（5-3-2）及貿易引力模型，可以得出以下基本假設：

H1：各地區生產總值總量和人均地區生產總值越大，其進出口總額也越大。

H2：貿易夥伴地區生產總值總量和人均地區生產總值越大，各地區的進出口總額也越大。

H3：人民幣實際有效匯率對各地區進出口總額的影響方向不確定。

H4：貿易條件對各地區進出口量的影響方向不確定。

假設進出口商都是風險厭惡者，匯率不確定性將會削減企業開展對外貿易的意願，且在此暫時假設跨境貿易人民幣結算能夠有效規避中國外貿企業面臨的匯率風險，為中國企業進出口提供程序、通關、核銷等方面的貿易便利，跨境貿易人民幣結算業務的辦理有力促進了試點地區的對外經貿活動。因此得

出本節的第五、第六個假設：

H5：各地區實際有效匯率波動性越大，進出口總額就越小。

H6：自從 2010 年 6 月各地區推行跨境貿易人民幣結算製度以來，各地區進出口貿易具有顯著的提高。

由於中國經濟具有明顯的區域經濟特徵，東部地區經濟發達，進出口能力普遍較高；較早的對外開放政策和地緣優勢也使東部地區的對外貿易發展較之中西部更為發達。此外，2009 年中國各地區受國際金融危機影響，進出口貿易遭受負面衝擊，因此，引入本節的第七個假設：

H7：平均而言，東部地區省市的進出口總額要高於中西部地區省市。

2008 年 9 月 14 日美國雷曼兄弟公司宣告破產標誌著全球金融危機的開始，隨後伴隨著美債危機、歐洲主權債務危機的愈演愈烈，全球經濟形勢依然低迷，包括中國在內的新興經濟體對外貿易遭受重創。不過，中國對外貿易 2009 年遭受國際金融危機挫傷後迅速恢復增長，此後保持穩定上揚勢頭，因此本節的計量模型不引入 2009 年這一時間虛擬變量。

根據上文對各變量的分析和假設，本節基於 2004—2013 年中國 20 個試點地區的年度數據，① 建立以下面板數據模型：

$$\ln(trade)_{it} = \alpha_{it} + \beta_{1i}\ln(gdp)_{it} + \beta_{2i}\ln(gdp)_{pt} + \beta_{3i}\ln(gdppc)_{it} + \beta_{4i}\ln(gdppc)_{pt}$$

$$+ \beta_{5i}e_{it} + \beta_{6i}\frac{p_{pt}}{p_{it}} + \beta_{7i}vol_{e,it} + \beta_{8i}D_1(east=1) + \beta_{9i}D_2(2010\ 及其之後=1) + \mu_{it} \quad 式（5-3-3）$$

---

① 這 20 個地區包括：北京、天津、內蒙古、遼寧、吉林、黑龍江、上海、江蘇、浙江、福建、山東、湖北、廣東、廣西、海南、重慶、四川、雲南、西藏、新疆。

在式（5-3-3）中，對外貿易總額、生產總值、人均生產總值均採用對數形式，以縮小方差波動範圍，有效避免異方差問題。式中的各地區人民幣實際匯率是根據各地區與貿易夥伴的 CPI 進行價格調整後的實際有效匯率指數，下文將對此展開詳細闡述。根據上文的八個假設，可以對模型（5-3-3）中各待估參數的符號進行如下預測（見表 5-7）。

表 5-7　　　　　模型中各待估參數的預期符號

待估參數	β_1	β_2	β_3	β_4	β_5	β_6	β_7	β_8	β_9
預期符號	+	+	+	+	+/-	+/-	-	+	+

5.3.2　數據

2010 年 6 月跨境貿易人民幣結算試點範圍擴大至全國 20 個地區，這些試點地區的進出口貿易額占全國進出口總額的比重在 2008 年和 2009 年分別高達 94.63% 和 95.18%（李靖，2011）。因此，本節以這 20 個試點地區為樣本研究跨境貿易人民幣結算政策的匯率風險鎖定效果，能很好地反應跨境貿易人民幣結算政策對中國外貿的整體效果。

本節選取的樣本時間為 2004—2013 年，之所以選擇 2004 年之後，有兩個原因：其一，中國 2001 年 11 月正式加入世界貿易組織，為了避免 2003 年前後因中國入世對各地區外貿的結構性影響，本節選取 2004 年及其之後的經濟數據作為分析樣本；其二，計算人民幣實際有效匯率指數（REERI）的基期選擇需要。理論上，構建某個地區貨幣實際有效匯率指數的基期應選擇在該地區實現國際收支平衡的那一年。但現實經濟生活中實現完全意義上的國際收支平衡幾乎不可能，通常認為，當某地區國際貿易差額占其生產總值的 5% 以內時，其國際收支就可視作基

本平衡（巴曙鬆等，2007；陳學彬等，2011）。中國 1999—2004年，貿易差額占生產總值的比重維持在 2%～3%，2005 年該比重開始上升，因此選擇以 2004 年作為計算各地區人民幣實際有效匯率指數的基期是合理的。

名義有效匯率沒有反應物價因素，存在一定程度上的貨幣幻想，因此考察其對經濟影響的意義會大打折扣（呂風勇，2005；李亞新、余明，2002）。學者們一致認為，科學、準確地測度一種貨幣的有效匯率，是進行匯率相關理論與實證研究工作的基礎（陳學彬等，2011）。Hirsch 和 Higgins（1970）最早提出了有效匯率的概念，並且建議有效匯率一般以指數形式而不以絕對值形式給出。他們認為，一種貨幣的有效匯率應能刻畫出該貨幣與其他貨幣的演進關係，這種演進關係可通過對該貨幣與一籃子其他貨幣的雙邊匯率取加權平均進行度量，同時，只需要考慮該貨幣與主要貿易夥伴貨幣的雙邊匯率而不是涵蓋所有貨幣。但 Makin 和 Robson（1999）則提出新的計算方法，建議以資本移動權重和債務權重替代貿易權重。由於本節重點在於測算中國各地區涉外企業在開展對外貿易時的匯率波動風險，所以筆者仍然沿用 Hirsch 和 Higgins（1970）的方法，以主要貿易夥伴貨幣為一籃子貨幣計算中國各省市的人民幣實際有效匯率指數。

由於中國不同地區經濟在資源稟賦和發展結構上存在較大差異，因此人民幣實際有效匯率變動對各地區宏觀經濟所造成的衝擊往往具有非對稱性（曾錚、陳開軍，2006）。鄭長德、張高明（2009）構建了中國人民幣地區實際有效匯率指數，他們選取了 18 種貨幣作為中國東中西部地區的共同樣本貨幣籃子，雖然中國與這些樣本貨幣發行國（或地區）的貿易占中國對外貿易總額的 60%，卻無法保證這些樣本經濟體在各個地區也具有充分的代表性。為了減少數據搜集和整理工作，同時不失代表性，筆者將各地區對外貿易夥伴按所占份額從大到小的篩選

原則，選取前 15 大貿易夥伴作為計算各地區人民幣 REERI 的權重籃子（見附錄 A）。地區人民幣 REERI 計算公式為：

$$ERREI_{it} = ERREI_{i0} \times \prod_{j=1}^{n} \left[\frac{E_{jt} P_t^i / P_t^j}{E_{j0} P_0^i / P_0^j} \right]^{w_{ijt}} \qquad 式（5-3-4）$$

式（5-3-4）中，$ERREI_{it}$ 表示 t 時期地區 i 的人民幣實際有效匯率指數；$ERREI_{i0}$ 表示基期人民幣實際匯率指數，上文已經指出，2004 年為計算人民幣 $ERREI_{i2004}$ 取值為 100；E_{jt} 和 E_{j0} 分別表示 t 期和基期以貿易夥伴 j 貨幣表示的人民幣雙邊名義匯率（即人民幣對 j 貨幣的間接名義匯率），因此 REERI 數額變大，表明人民幣實際有效匯率升值；P_t^i/P_t^j 和 P_0^i/P_0^j 分別表示 t 期和基期地區 i 和貿易貨幣 j 的 CPI 指數之比；$w_{ijt} = \dfrac{M_{ijt} + X_{ijt}}{M_{it} + X_{it}}$ 為貿易權重。據此，筆者計算整理得到各地區的人民幣實際有效匯率指數，見附錄 B。

本節樣本數據來源說明如下：①各地區的進出口總值、生產總值、人均生產總值、CPI 數據來源於各地區相應年份的統計年鑒。②各地區貿易夥伴的生產總值、人均生產總值、CPI 數據來源於 IMF 網站 WEO 數據庫。③人民幣和各貿易夥伴貨幣對美元匯率來源於 IMF 網站外匯數據庫、維基百科網站和其他投資訊息發布網站。其中有幾個特殊情形因數據不可得做出如下處理：加蓬流通的貨幣是中非金融合作法郎（XAF），由於 XAF 與歐元之間保持固定匯率，因此加蓬貨幣匯率與美元的匯率隨著歐元的行情上下浮動，故而以歐元對美元匯率代替 XAF 對美元匯率；蒙古圖格里克、馬達加斯加法郎的 2004—2013 年匯率數據都無法獲取，以這些貨幣和 PPP 的轉換率代替，數據來源於 IMF 網站 WEO 數據庫；吉爾吉斯斯坦、塔吉克斯坦、蘇丹、土庫曼斯塔貨幣匯率的部分缺失數據用本幣與 PPP 轉換率的波動率進行估計。④各地區和貿易夥伴的相對價格之比以 CPI 之比作為代理變量。

為了統一不同貨幣之間的購買力平價，各地區生產總值、人均生產總值、貿易夥伴生產總值、人均生產總值為購買力平價下的經濟量，地區生產總值單位為 10 億國際美元，人均生產總值單位為 1 國際美元；各地區進出口貿易額單位為萬美元，由於 1 國際美元 = 1 美元，故而進出口貿易額不需再調整為國際美元。

5.3.3 各變量的描述性統計特徵和相關檢驗

本節面板數據模型共有樣本容量 190 個，各變量的基本數據特徵如表 5-8 所示。從表 5-8 可以看出，模型中各經濟變量的樣本觀測值未出現明顯的異常值，表明所搜集的數據初步符合質量要求，可進一步開展數據分析和挖掘。

表 5-8　各變量堆積數據（stacked data）描述性統計特徵

	lntrade$_i$	lngdp$_i$	lngdp$_p$	lngdppc$_i$	lngdppc$_p$	e$_i$	rp$_i$	vol$_i$
均值	14.35	5.620	10.67	8.944	10.015	115.96	5.224	0.006
中位	14.39	5.600	10.69	8.943	10.114	114.51	1.259	0.004
max	17.59	7.207	10.89	10.000	10.450	217.79	80.44	0.278
min	7.732	3.268	10.13	7.725	9.044	94.570	0.933	-0.40
std	2.370	0.799	0.132	0.542	0.275	16.01	16.83	0.062
偏度	-1.27	-0.33	-1.08	-0.041	-1.381	2.996	4.029	-1.18
峰度	4.347	3.227	5.016	2.179	4.672	16.022	17.26	16.58
J-B	53.0	3.1	55.8	4.3	66.5	1,309.8	1,709.5	1,210.7
P 值	0.000	0.214	0.000	0.114,1	0.000,0	0.000,0	0.000	0.000

本節面板數據模型的時間跨度為 10 年，因此需要對各變量進行單位根檢驗，以避免出現「偽迴歸」問題。面板數據的單位根檢驗主要有 LLC、IPS、ADF 和 PP 四種檢驗方法，原假設均為「數據序列存在單位根」，當不同檢驗得出相悖的結論時，如果樣本容量不大，一般而言，單位根檢驗更傾向於採納 IPS

和LLC的檢驗結論；如果IPS和LLC的檢驗結論仍然相左，IPS更適合於較小樣本容量、不平衡面板數據及個體間包含異質性的樣本，而LLC方法則更適合於中等水平且個體間具有同質性的樣本（谷安平、史代敏，2010）。表5-9為各變量不同單位根檢驗的結果，考慮到本節樣本數據的特徵，筆者在LLC和IPS檢驗結論相反時，採納IPS檢驗結果。

表5-9　　　　　　各變量單位根檢驗結果

變量	迴歸式類型	LLC	IPS	Fisher-ADF	Fisher-PP
$lntrade_i$	(c, t)	0.000,0	0.328,1	0.256,2	0.017,2
$Dlntrade_i$	(c, 0)	0.000,0	0.000,0	0.000,0	0.000,0
$lngdp_i$	(c, 0)	0.000,0	0.000,0	0.000,0	0.000,0
$lngdp_p$	(c, t)	0.000,0	0.265,8	0.051,4	0.141,7
$Dlngdp_p$	(c, 0)	0.000,0	0.001,2	0.000,4	0.000,0
$lngdppc_i$	(c, 0)	0.000,0	0.177,4	0.024,1	0.000,0
$Dlngdppc_i$	(c, 0)	0.000,0	0.000,7	0.000,0	0.022,6
$lngdppc_p$	(c, 0)	0.000,0	0.002,8	0.001,8	0.000,0
e_i	(c, t)	0.698,8	0.891,5	0.993,4	0.719,7
De_i	(c, 0)	0.000,0	0.000,5	0.000,1	0.000,0
rp_i	(c, t)	0.000,0	0.423,7	0.057,9	0.000,1
vol_i	(c, 0)	0.000,0	0.000,0	0.000,0	0.000,0

註：①（c, 0）表示檢驗迴歸式包含截距項，無時間趨勢，（c, t）表示檢驗迴歸式包含截距項和時間趨勢項。確定迴歸式類型的常規方法是：對數據序列描繪時序圖，粗略觀測時序圖曲線是否含有時間趨勢項或截距項，以此確定迴歸式類型。參考呂延方、陳磊（2010）。②檢驗各數值為各檢驗統計量的伴隨概率，即P值。P值越小，越拒絕接受存在單位根的原假設。

從表5-9可以看出，$trade_i$存在單位根，是非平穩序列，而

Dtrade_i 則不存在單位根，因此 trade_i 服從 1 階單整過程。類似地，可以判斷出 gdp_i、gdppc_p、rp_i、vol_i 服從 0 階單整過程，gdp_p、gdppc_i、e_i 服從 1 階單整過程。原始數據服從 1 階單整過程或 0 階單整過程只是各變量存在面板協整關係的必要不充分條件，要做出精確判斷，還應進一步進行面板協整檢驗。面板協整檢驗方法通常有 Pedroni 檢驗和 kao 檢驗兩種。一般而言，在 Pedroni 中，若檢驗結論相左，則先初步採納 panel pp-statistic 的檢驗結果，即初步判斷該模型在組內存在協整關係；進一步地，使用 Kao 檢驗輔助判斷。對本節計量模型各變量的 Pedroni 檢驗中，panel v-statistic, panel rho-statistic 接受組內不存在協整關係的原假設，而 panel pp-statistic 和 panel ADF-statistic 拒絕組內不存在協整關係原假設。kao 檢驗統計量的 P 值為 0.000,0，強烈拒絕不存在協整關係的原假設，說明該面板數據各變量之間存在協整關係。

5.3.4 參數估計

由於中國各省市進出口影響因素存在較強異質性，因此不應該使用混同效應迴歸模型，Breusch and Pagan 拉格朗日乘子檢驗統計量為 489.19，在 1% 的顯著性水平下拒絕使用混同效應的原假設，進一步驗證了各地區對外經濟存在異質性的客觀事實，應使用個體效應迴歸模型。個體效應又可進一步區分為個體固定效應和個體隨機效應，為了得到具有優良統計性質的估計量，必須首先確定面板數據的個體效應類型。Hausman（1978）提出檢驗模型中個體影響與解釋變量之間是否相關的 Hausman 檢驗，該檢驗的原假設是「隨機影響模型中個體影響與解釋變量不相關」，Hausman 檢驗的 P 值為 0.411,5，接受個體隨機效應模型。模型的估計結果如表 5-10 所示。

表 5-10　　　　　　　　不同模型下的參數估計

解釋變量	被解釋變量 lntrade$_i$			
	(Ⅰ)	(Ⅱ)	(Ⅲ)	(Ⅳ)
lngdp$_i$	1.29*** (0.000)		0.216*** (0.000)	0.251*** (0.009)
lngdp$_p$	0.273 (0.429)		0.158 (0.407)	0.139 (0.683)
lngdppc$_i$		1.51*** (0.000)	1.293*** (0.002)	1.267*** (0.003)
lngdppc$_p$		0.474** (0.029)	0.483** (0.030)	0.493 (0.027)
e$_i$	-0.002,7 (0.193)	-0.003* (0.062)	-0.004** (0.040)	-0.004** (0.037)
rp$_i$			0.046** (0.035)	-0.047** (0.039)
vol$_i$	-0.027** (0.023)	-0.097** (0.035)	-0.099** (0.024)	-0.076* (0.054)
D1				-0.383 (0.751)
D2	0.039 (0.535)	0.026 (0.656)	0.007 (0.913)	0.004 (0.952)
組內 R^2 組間 R^2 總體 R^2	0.827,8 0.032,1 0.054,3	0.829,8 0.013,8 0.033,0	0.836,6 0.030,4 0.047,2	0.836,8 0.027,7 0.044,4
觀測值容量	190	190	190	190
Wald 統計量 p 值	0.000,0	0.000,0	0.000,0	0.000,0

　　從表 5-10 可以看出，各地區生產總值、人均生產總值與進出口總額均有顯著的正相關關係，在其他條件不變的情況下，

地區生產總值和人均生產總值平均每提高1個百分點，將帶動進出口約0.251%和1.267%的增長。貿易夥伴GDP絕對值對各地區進出口總額的影響不顯著，這與中國各地區進出口地理方向高度多元化有關；貿易夥伴人均GDP每提高一個百分點，將會帶動各地區進出口總額增長0.493個百分點。相對價格指數對各地區進出口具有顯著抑制作用，這主要體現在出口方面，近年來，中國勞動力成本、原材料成本和土地成本上升，中國出口競爭力遭到明顯削弱。東部地區虛擬變量對各地區進出口總額的影響不顯著，這主要是因為中國入世以後，已形成全方位對外開放格局，中西部地區甚至在某些方面比東部更具競爭優勢。人民幣實際有效匯率升值對各地區進出口總額具有顯著的抑制作用，人民幣每升值1%，將會導致進出口總額下降0.004%，這暗示著馬歇爾-勒納條件在中國對外貿易中可能成立。

vol_i和D2是本節模型的關注變量。從表5-10可以看出，一方面，各地區進出口貿易與人民幣實際有效匯率波動性之間表現出顯著的負相關關係，匯率波動率每增加1個百分點，將會帶動進出口貿易額減少0.076個百分點；但另一方面，2010年20個省市成為跨境貿易人民幣結算試點地區之後，對外貿易總額並沒有顯著增加，也就是成為跨境貿易人民幣結算試點地區並未顯示出應有的政策紅利。針對這個意料之外、看似矛盾的估計結果，筆者通過仔細分析跨境貿易人民幣結算以來所凸顯的問題後認為，這個結果又在情理之中。下文將嘗試對變量vol_i的估計參數顯著為負而時間虛擬變量D2估計參數不顯著的原因加以解釋。

5.3.5 對估計結果的解釋

人民幣實際有效匯率波動性對各地區進出口貿易具有顯著

負向作用的實證結論，與中國對外貿易經濟現實相符合，也與我們的經濟直覺相吻合。可以預見，隨著中國對外貿易以人民幣結算的廣度和深度不斷加大，對外貿易受人民幣實際有效匯率波動性的影響會逐漸收窄。

既然各地區存在規避匯率波動風險的客觀需求，那麼，為什麼2010年6月跨境貿易人民幣結算試點範圍擴大以來，各地區對外貿易額沒有顯著增加？通過分析我們發現，雖然試點範圍擴大以來，跨境貿易人民幣結算量迅速增加，但是在中國各地深入開展跨境貿易人民幣結算的過程中，存在一些不容忽視的問題。一方面，這些問題反應出日益增長的跨境貿易人民幣結算使得當前中國外貿企業處於完全承擔外匯風險的窘狀；另一方面，有些問題甚至直接阻礙了各地區貿易便利化程度，違背跨境貿易人民幣結算的政策初衷。概括而言，這些問題包括：

第一，跨境貿易人民幣結算占國內外結算總量的比重仍然很低。

試點以來，跨境貿易人民幣結算占貨物貿易總額的比重迅速提高，2010年該比重不足7%，2012年已達8%以上（宏觀經濟研究院外經所課題組，2013），2013年中國對外貿易以人民幣結算的比例約為15%，2014年迅速上升至25%左右。全球金融交易服務組織環球銀行金融電訊協會（簡稱SWIFT）2013年12月3日稱，10月人民幣已取代歐元成為世界第二大常用貿易融資貨幣；在以信用證和托收為工具的貿易融資方面，人民幣的市場佔有率已由2012年1月的1.89%增至2013年10月的8.66%，成為僅次於美元的最常用貿易貨幣。2015年1月SWIFT發布數據，人民幣已經取代加拿大元和澳元成為全球第五大最常用貨幣。但是，總體而言，跨境貿易人民幣結算占中國和國際貿易結算總量的比重仍然偏低，2010年中國支付結算外幣系統中，美元所占的比重高達90%以上，穩居絕對主導地

位；人民幣占全球支付貨幣市場的份額增長很快，但仍然只占據 2.17% 的份額。

第二，人民幣結算進出口結構失衡問題。

雖然中國跨境貿易人民幣結算規模增長迅猛，但是仔細分析人民幣結算的進出口流向，我們注意到，人民幣跨境貿易結算收付狀況一直處於不均衡狀態，人民幣跨境貿易結算集中於進口業務，這使得在人民幣升值背景下中國進出口商同時面臨匯率風險。跨境貿易人民幣結算試點推行之初，人民幣結算額在進口業務中所占的比重高達 90.7%，而出口人民幣結算額占人民幣結算總額的比重則僅為 10% 左右；此後，這種不平衡狀況得到較大改善，不過當前進口人民幣結算占比依然為 60% 左右。

跨境貿易人民幣結算在進出口業務上的「跛足」現象主要有三個原因：其一，在人民幣長期升值的背景下，[1] 外國出口商更願意接受人民幣，獲得人民幣升值溢價，而外國進口商不願意採用人民幣作為合同貨幣；其二，中國當前以加工貿易和勞動密集型產品出口為主的出口結構使中國企業缺乏話語權和議價定價能力，只能被動選擇貿易夥伴提出的結算條件；其三，境外人民幣存款不足，境外企業獲得人民幣且用於支付中國出口品的成本或難度太大。雖然截至 2016 年 3 月，中國已與韓國、中國香港等 33 個國家和地區簽署了規模達 3.3 萬億元的貨幣互換協議，然而中國作為世界上最大的出口國，貨幣互換協議下的人民幣存款難以滿足境外人民幣需求。

上述第一點和第二點是導致跨境貿易人民幣結算收付結構失衡最為重要的原因，它既是中國進出口競爭力的直接體現，

---

[1] 根據國際清算銀行發布的數據，自 2005 年 7 月人民幣匯率改革以來至 2013 年 12 月，人民幣名義有效匯率升值 29.7%，實際有效匯率升值 39.71%。

又是跨境貿易人民幣結算收付結構失衡從而阻滯進出口的深層次原因。第六章和第七章將對此展開論證。

第三，跨境貿易人民幣結算區域結構失衡問題。

從境內分佈地區看，廣東、北京、上海、浙江、江蘇等外貿大省（市）仍然是開展跨境貿易人民幣結算業務的主要地區，五省市占據了中國跨境貿易人民幣結算總量的80%左右。雲南、新疆、內蒙古、東北三省等邊境貿易發達的省份，也存在跨境貿易人民幣結算「小額大，大額小」的現象。

從境外分佈地區看，雖然截至2012年末，與中國境內發生人民幣實際收付業務的境外國家和地區已達206個，覆蓋了世界91%的經濟體，但是目前跨境貿易人民幣結算在境外區域分佈上呈現高度不均衡發展的特徵，人民幣結算主要集中在中國香港和東南亞地區（見圖5-11）。新加坡匯豐銀行2015年初對全球14個經濟體的1,610家企業進行調查，結果顯示，人民幣使用仍然以亞太地區為主，造成這種區域不均衡發展的主要原因是中國外匯管理體系比較複雜。

中國內地是香港轉口商品最重要的來源地和目的地，原產中國內地的商品占其轉口總額的60%左右，香港轉口商品的40%左右出口到中國內地（楊汝岱，2008），如果香港和內地的轉口貿易商品的原產地和目的地比較多元，且以發展中國家為主，那麼以香港作為人民幣資金調度中心的境外地區分佈將會比較廣泛，不過，內地和發達經濟體在香港出口和進口貿易中的比重為77.9%和72.17%，只有與另外20%境外地區的發展中經濟體開展貿易時，才傾向於接受跨境人民幣結算。新加坡匯豐銀行2015年調查顯示，香港企業人民幣使用率從2014年的58%下降到2015年的52%，外匯波動是人民幣使用率下降的重要原因。

第四，相關配套措施仍不健全。

跨境貿易人民幣結算試點推行之初，由於缺乏相應的出口退稅配套政策，商業銀行對具體的操作方式不甚瞭解，不僅使試點企業無法獲得出口退稅，還額外增加出口報關成本，導致企業缺少使用人民幣結算的動力。各部門之間的溝通和協調不夠到位，六部委發布的管理辦法和實施細則不一致甚至相互衝突。[①] 2013 年 7 月，中國人民銀行發布《中國人民銀行關於簡化跨境人民幣業務流程和完善有關政策的通知》（銀發〔2013〕168 號），一定程度上簡化了經常項下跨境人民幣業務辦理流程，但是執行過程中如何更好協調不同管理部門的職責仍未得到很好解決。

　　必須注意的是，在推動跨境貿易人民幣結算業務的實踐過程中，有些部門開展工作明顯違背了幫助企業規避匯率風險的政策初衷。企業辦理跨境貿易人民幣業務的流程應該是中國企業與外方簽訂人民幣計價結算的貿易合同，並按合同約定進行生產和交貨，然而人民幣國際化文組（何帆等，2011）在調研中發現，跨境貿易以人民幣結算並不對應於貿易合同以人民幣計價結算。在不少地方的金融系統中，跨境貿易人民幣結算被當成一項政策目標，任務由上至下層層落實，並與相關工作人員的考核、收入掛鉤。不少企業在政策層層加碼的背景下，勉為其難地選擇「以美元報價、以人民幣結算」或「合同上以美元報價和結算，但企業支付人民幣給境內銀行」，不僅難以實現減少匯兌成本、避免匯率風險的政策目標，甚至可能使中國企業承受更大的匯率風險，損害中國外貿企業的經濟利益。

[①] 比如，《境外直接投資人民幣結算試點管理辦法》（人行第 1 號公告，2011 年 1 月）規定，地方人民銀行和外匯管理部門，與省外經貿廳協調，經其批准後，下發到市外經貿局並加蓋公章即可。但 2011 年 2 月 25 日，商務部發文《商務部關於外商投資管理工作有關問題的通知》，又要求地方先要上報商務部。雖然這有利於加強審慎監管，卻反應出相關部門缺乏溝通協調。

5.4 本章小結

　　本章緊緊圍繞「跨境貿易人民幣結算的政策背景是什麼？要實現什麼樣的政策目標？目前政策效果是否樂觀？人民幣匯率在跨境貿易人民幣結算實現政策效果的過程中發揮著什麼作用？」這一邏輯分析主線，先闡述了 2008 年國際金融危機背景下中國外貿企業面臨匯率波動頻繁的不利經濟形勢，闡明跨境貿易人民幣結算政策旨在幫助中國企業規避匯率波動風險、促進貿易投資便利化的中短期政策目標；然後運用 GARCH 模型族，實證分析了中國外貿企業面臨匯率風險的時變性、集簇性和不對稱性，進一步論證了跨境貿易人民幣結算政策的急迫性和合理性；最後，通過測算跨境貿易人民幣結算試點地區的人民幣實際有效匯率指數，實證檢驗各地區匯率波動對貿易流量的影響方向和程度。但是，實證檢驗的結果有些出人意料，一方面，各地區人民幣實際匯率波動顯著抑制了對外貿易流量的增長，出於規避匯率波動風險的跨境貿易人民幣結算政策理應對各地區進出口貿易流量有顯著促進作用，然而事實卻相反。

　　在分析實證結果的過程中，筆者發現人民幣匯率長期保持升值趨勢，中國進出口商品結構是跨境貿易人民幣結算無法實現預期政策效果的最重要原因。第六章和第七章將分別對此展開論述。

6 人民幣長期單邊升值對跨境貿易人民幣結算的影響

通過第四章對六種主要國際結算貨幣與匯率關係的比較可見：一國（地區）經濟生產率相對提高，將會使該國（地區）貨幣升值（此即為巴拉薩－薩繆爾森效應），這是該國（地區）經濟競爭力增強的結果。這種情況下，貨幣升值可以維持市場對其貨幣的信心，從而保證該貨幣在國際結算中的市場佔有率。2005年7月21日人民幣匯率改革開啓當天，人民幣對美元名義匯率就升值了2.01%，人民幣匯率由此進入升值軌道，人民幣對美元實際匯率則自2002年開始就呈現升值趨勢。

匯率一直是中國發展對外經濟的重要調節工具，人民幣匯率本身也受中國經濟基本面的決定和制約。然而，人民幣匯率被低估問題自2003年日本政府在七國峰會上首次提出後，成為國內外學界和政界關注的焦點，西方國家紛紛指責中國政府操縱匯率，要求人民幣升值。那麼，人民幣在2005年之後的這種升值趨勢到底是受政治壓力驅動，還是由於巴拉薩－薩繆爾森效應發揮主導性作用？對於這個問題，不同答案又會對跨境貿易人民幣結算有怎樣不同的影響？在當前在岸人民幣市場和離岸人民幣市場存在匯率套利空間的背景下，人民幣升值又在這個過程中起到什麼作用？本章將分別對以上問題展開深入研究，以期得到有益的研究結論。

6.1 人民幣升值的巴拉薩-薩繆爾森效應實證研究

巴拉薩-薩繆爾森效應（B-S效應）最早由 Balassa（1964）提出。Balassa 指出一國物價指數由可貿易品和不可貿易品價格共同組成，當該國物價水平相對於另一國發生改變，那可能只代表該國貨幣實際匯率發生改變，而不一定意味著其名義匯率偏離均衡水平。諾貝爾經濟學獎獲得者 Samuelson（1964）也提出類似論點，此後學者把一國因可貿易和不可貿易部門相對勞動生產率變化引起該國貨幣實際匯率變動的理論稱為「巴拉薩-薩繆爾森假說」。下文將對人民幣實際匯率是否存在 B-S 效應進行實證檢驗，並在此基礎上分析跨境貿易人民幣結算的驅動因素。

6.1.1 理論模型

傳統的 B-S 模型假定一國勞動力在可貿易部門和不可貿易部門之間自由流動，工資在不同部門之間實現均等化。但這一假設在中國並不成立，原因是中國勞動力受教育程度、技能水平參差不齊，流動難度太大，成本太高。據此，筆者修正了傳統B-S模型的 $W_T = W_{NT}$ 假定，引入勞動力市場分割情形下的 $W_T \neq W_{NT}$ 假定。

假設中國可貿易部門和不可貿易部門生產投入兩種要素：勞動 L 和資本 K，兩部門生產服從 C-D 函數形式，各要素規模報酬不變。具體地，中國可貿易部門和不可貿易部門的生產函數分別為：

$$Y_T = A_T (L_T)^\alpha (K_T)^{1-\alpha} \qquad 式（6-1-1）$$

$$Y_{NT} = A_{NT} (L_{NT})^\alpha (K_{NT})^{1-\alpha} \qquad 式（6-1-2）$$

假設某一代表性生產企業同時生產可貿易品 T 和不可貿易品 NT，且市場出清，那麼它的利潤函數為：

$$\pi = P_T A_T (L_T)^{\alpha} (K_T)^{1-\alpha} + P_{NT} A_{NT} (L_{NT})^{\alpha} (K_{NT})^{1-\alpha} - W_T L_T - R_T K_T - W_{NT} L_{NT} - R_{NT} K_{NT} \qquad 式（6-1-3）$$

式（6-1-3）中，R_T、R_{NT} 為可貿易品和不可貿易品投入資本要素的價格，L_T、L_{NT}、K_T、K_{NT} 為該目標函數的決策變量。就勞動要素而言，代表性企業實現利潤最大化的一階條件為：

$$\frac{\partial \pi}{\partial L_T} = \alpha P_T A_T (L_T)^{\alpha-1} (K_T)^{1-\alpha} - W_T = 0 \qquad 式（6-1-4）$$

$$\frac{\partial \pi}{\partial L_T} = \alpha P_{NT} A_{NT} (L_{NT})^{\alpha-1} (K_{NT})^{1-\alpha} - W_{NT} = 0 \qquad 式（6-1-5）$$

結合式（6-1-1）和式（6-1-2），上述一階條件可以進一步整理為：

$$W_T = \alpha P_T \frac{Y_T}{L_T} = \alpha P_T y_T \qquad 式（6-1-6）$$

$$W_{NT} = \alpha P_{NT} \frac{Y_{NT}}{L_{NT}} = \alpha P_{NT} y_{NT} \qquad 式（6-1-7）$$

假設美國可貿易品和不可貿易品的生產函數也是 C-D 形式，勞動力對產出的貢獻份額為 β，那麼美國勞動力要素滿足利潤最大化的一階條件為：

$$W_T^* = \beta P_T^* y_T^* \qquad 式（6-1-8）$$

$$W_{NT}^* = \beta P_{NT}^* y_{NT}^* \qquad 式（6-1-9）$$

由式（6-1-6）到式（6-1-9），可以得到中國和美國可貿易品和不可貿易品的價格表達式分別為：

$$P_T = \frac{W_T}{\alpha y_T}; \quad P_{NT} = \frac{W_{NT}}{\alpha y_{NT}} \qquad 式（6-1-10）$$

$$P_T^* = \frac{W_T^*}{\beta y_T^*}; \quad P_{NT}^* = \frac{W_{NT}^*}{\beta y_{NT}^*} \qquad 式（6-1-11）$$

已知中國和美國的物價指數滿足如下形式：

$$\begin{cases} p = P_T^a P_{NT}^{1-a} \\ p^* = P_T^{*b} P_{NT}^{*1-b} \end{cases}$$ 式（6-1-12）

對式（6-1-12）兩邊取對數，則有：

$$\begin{cases} \ln p = a\ln P_T + (1-a)\ln P_{NT} \\ \ln p^* = b\ln P_T^* + (1-b)\ln P_{NT}^* \end{cases}$$ 式（6-1-13）

因為實際匯率 $e = \dfrac{p^*}{p} E$，且 $E = \dfrac{P_T}{P_T^*}$，所以實際匯率可以表示為：

$$\ln e = \ln p^* + \ln E - \ln p$$
$$= \ln pI^* - \ln p + \ln P_T - \ln P_T^*$$
$$= b\ln P_T^* + (1-b)\ln P_N^* T - a\ln P_T - (1-a)\ln P_{NT} + \ln P_T - \ln P_T^*$$
$$= (b-1)\ln\left(\dfrac{W_T^*}{\beta y_T^*}\right) + (1-b)\ln\left(\dfrac{W_{NT}^*}{\beta y_{NT}^*}\right) + (a-1)\ln P_{NT} - (a-1)\ln P_T$$
$$= (1-b)\ln\left(\dfrac{W_{NT}^*/W_T^*}{y_{NT}^*/y_T^*}\right) - (1-a)\ln\left(\dfrac{W_{NT}/W_T}{y_{NT}/y_T}\right)$$ 式（6-1-14）

根據現實情況，假設美國的勞動力在可貿易部門和不可貿易部門之間可以實現自由流動，工資滿足均等化假定，即 $W_{NT}^* = W_T^*$，則式（6-1-14）可簡化為：

$$\ln e = (1-b)\ln\left(\dfrac{y_T^*}{y_{NT}^*}\right) - (1-a)\ln\left(\dfrac{y_T}{y_{NT}}\right) - (1-a)\ln\left(\dfrac{W_{NT}}{W_T}\right)$$

式（6-1-15）

現在我們來分析式（6-1-15）所蘊含的經濟含義：① y_I^J 表示 J 國 I 部門的勞均產出，亦即 J 國 I 部門的勞動生產率，$\dfrac{y_T^J}{y_{NT}^J}$ 表

示 I 國可貿易部門和不可貿易部門的相對勞動生產率，當 $\frac{y_T}{y_{NT}}$ 的增長速度快於 $\frac{y_T^*}{y_{NT}^*}$ 時，e 的數值將會下降，這表明，當中國可貿易部門勞動生產率相對於不可貿易部門增長快於美國時，人民幣相對於美元的實際匯率將升值；②當 $\frac{W_{NT}}{W_T}$ 減小時，即中國可貿易部門相對於不可貿易部門工資上升時，人民幣相對於美元的實際匯率將貶值。

為了進一步驗證中國可貿易部門和不可貿易部門工資不均等的經濟事實，筆者對 N_{NT} 和 W_T 序列進行統計學上的兩樣本均值差異性檢驗。該檢驗的原假設是 $\overline{W_{NT}} - \overline{W_T}$，使用 stata12.0 軟件的 ttest 命令，得到的檢驗結果是 $Pr(T<t) = 0.000,0$，說明兩樣本均值差異性檢驗在 1% 的顯著性水平下拒絕 $\overline{W_{NT}} - \overline{W_T}$ 的原假設，接受 $\overline{W_{NT}} - \overline{W_T} > 0$ 的備擇假設。

統計檢驗驗證了這樣一個客觀事實：中國二元經濟結構下，中國農村剩餘勞動力湧入城鎮提供巨大人口紅利，雖然農村勞動者占比呈下降趨勢，但仍然相對富餘，這使得 B-S 理論框架的關於工資在各部門均等的假設不適用於中國國情；中國勞動力的職業技能參差不齊、勞動力市場的信息不對稱，又使中國勞動力市場存在分割，這些因素共同導致中國勞動力不可能在部門之間實現自由流動。

6.1.2 計量模型

根據式（6-1-15），建立如下人民幣實際匯率 B-S 效應的計量模型：$\ln e_t = \phi_0 + \phi_1 \ln(\frac{y_T^*}{y_{NT}^*})_t + \phi_2 \ln(\frac{y_T}{y_{NT}})_t + \phi_3 \ln(\frac{W_{NT}}{W_T})_t + \varepsilon_t$，

其中 $\phi_1 > 0$，$\phi_2 = \phi_3 < 0$ 式（6-1-16）

數據處理和數據來源說明如下：①美國可貿易部門和不可貿易部門的勞動生產率數據來源於美國勞動勞工部網站，可貿易部門包括制造業①、採礦業，不可貿易品包括服務業②、電力生產和供應；②由於中國在 1980—2012 年統計口徑數次變化，尤其是分行業增加值的數據從 2004 年才開始有統計數據，因此本節只能以第一、二產業作為可貿易部門，第三產業作為不可貿易部門，第二產業中電力、燃氣及水的生產和供應業應該劃歸到不可貿易部門，但由於 2004 年之前的數據不可得，且其在第二產業所占的比重為5%左右，因此不進行調整不會對結果產生實質性影響；③中國可貿易部門和不可貿易部門平均工資根據分行業城鎮單位職工平均工資進行平均，1980—2012 年中國行業共進行了四次調整，筆者分別將不同時期的行業分類歸納到可貿易部門和不可貿易部門；④人民幣對美元實際匯率經由中美兩國 GDP 平減指數調整。中國方面的數據全部來源於中國相應年份的統計年鑒。

時間序列數據模型需要檢驗各變量的平穩性，以避免偽迴歸問題。表 6-1 為各變量 ADF 單位根檢驗結果，由此可知，在 10%的顯著性水平下，$\ln e_t \sim I(0)$，$\ln\left(\dfrac{y_T^*}{y_{NT}^*}\right) \sim I(1)$，$\ln\left(\dfrac{y_T}{y_{NT}}\right) \sim I(0)$，$\ln\left(\dfrac{W_{NT}}{W_T}\right) \sim I(1)$。由此可知，模型（6-1-

---

① 美國制造業包括如下細分行業：食品制造業、菸草生產、紡織服裝業、木產品、紙產品、石油和煤產品制造業、化工業、塑料橡膠業、非金屬礦產品、金屬行業、機械制造業、計算機和電子設備、運輸設備、家具和其他雜項制造業。

② 美國服務業包括如下細分行業：批發零售業、運輸郵政業、通信倉儲業、出版業、計算機軟件業、傳媒業、銀行業、商業租賃、商業服務業、衛生體育文化業、餐飲業、居民服務業。

16）可能存在協整關係，筆者將通過 Johansen 檢驗加以確定。

表 6-1　　　　　各變量 ADF 單位根檢驗

變量	迴歸式類型	P 值	10%顯著性水平下平穩性檢驗結論
lne_t	(C, 0)	0.000,4	平穩
$\ln\left(\dfrac{y_T^*}{y_{NT}^*}\right)_t$	(C, 0)	0.118,5	不平穩
$Dln\left(\dfrac{y_T^*}{y_{NT}^*}\right)_t$	(0, 0)	0.032,1	平穩
$\ln\left(\dfrac{y_T}{y_{NT}}\right)_t$	(C, T)	0.084,0	平穩
$\ln\left(\dfrac{W_{NT}}{W_T}\right)_t$	(C, 0)	0.254,4	不平穩
$Dln\left(\dfrac{W_{NT}}{W_T}\right)_t$	(C, 0)	0.000,0	平穩

表 6-2 列出了各變量之間是否存在協整關係的 Johansen 檢驗結果，從表中可以看出，P 值強烈拒絕不存在協整關係的原假設，接受至少存在三個協整關係的備擇假設。因此，模型（式 6-1-16）的各變量之間存在穩定的長期關係，可以進行 OLS 估計。

表 6-2　　　　　Johansen 協整檢驗結果

協整關係個數	特徵值	跡統計量	臨界值	P 值
None *	0.653,073	53.840,94	40.174,93	0.001,2
At most 1 *	0.475,569	28.433,53	24.275,96	0.014,1
At most 2 *	0.409,384	12.942,95	12.320,9	0.039,3
At most 3	0.012,62	0.304,808	4.129,906	0.642,5

運用OLS估計方法，得到表6-3中對應變量的系數的估計結果。從表6-3可以看出，在其他條件不變的情況下，美國貿易部門相對於非貿易部門生產率相對於中國提高以後，人民幣相對於美元的實際匯率將會顯著貶值；在其他條件不變的情況下，中國可貿易部門相對於不可貿易部門生產率相對於美國提高後，人民幣相對於美元的實際匯率將會顯著升值，這說明人民幣對美元實際匯率存在B-S效應。在其他條件不變的情況下，中國不可貿易部門相對於可貿易部門相對工資提高後，雖然可能導致人民幣相對於美元的實際匯率升值，但這種效應是非常不顯著的。

表6-3　　　　　　　　模型估計結果

變量	估計系數	標準差	t統計量	P值
C	-2.155^{***}	0.659,3	$-3.268,1$	0.003,5
$\ln\left(\dfrac{y_T^*}{y_{NT}^*}\right)_t$	5.856^{***}	1.006,3	5.819,5	0.000,0
$\ln\left(\dfrac{y_T}{y_{NT}}\right)_t$	-1.347^{*}	0.661,7	$-2.036,3$	0.053,9
$\ln\left(\dfrac{W_{NT}}{W_T}\right)_t$	-0.019	0.444,9	$-0.042,7$	0.966,3
調整的R^2：	0.654,4	Prob（F-statistic）：	0.000,0	

總體而言，模型的估計結果比較符合前文的理論分析，各變量估計系數的符號均與理論相符，只是ϕ_3的估計系數無法通過顯著性檢驗，不過$\ln\left(\dfrac{W_{NT}}{W_T}\right)$只是作為模型的控制變量，因此$\phi_3$的估計系數能否通過顯著性檢驗不是考察重點。筆者在OLS估計結果的基礎上，對估計系數進行Wald檢驗，原假設為

$\phi_2 = \phi_3$，檢驗結果顯示，F 統計量和卡方統計量 P 值分別為 0.219,5 和 0.206,3，都顯著接受 $\phi_2 = \phi_3$ 的原假設，進一步支持了理論預期結論。模型的擬合優度為 0.654,4，說明該模型能解釋 65.44% 的部分，擬合效果較好。

6.1.3 模型估計結果分析

實證結果表明，B-S 效應在中國改革開放之後的經濟事實中能夠得到支持，中國可貿易部門相對於不可貿易部門生產率相對於美國增長更快（即「相對相對增長」），所以人民幣對美元的實際匯率升值。但是，為什麼在 2005 年人民幣匯改之前，人民幣對美元實際匯率反而貶值？這是因為中國在改革開放之初，為了擴大出口競爭力，人民幣對美元名義匯率幾乎都處於貶值狀態，貶值幅度甚至一度達到 86.7%，人民幣對美元實際匯率隨之貶值，因此這個時期人民幣實際匯率貶值是政策結果，為工具型貶值（指主要依靠名義匯率貶值而獲得實際匯率貶值），而非技術進步型貶值（指主要依靠生產率提高促使貿易品價格下降從而達到實際匯率貶值）。

2005 年人民幣匯改之後，人民幣對美元名義匯率和實際匯率都在升值，筆者認為，升值驅動力內外兼具。從內在原因上看，中國經過三十多年的經濟追趕，可貿易部門「相對相對增長」顯著，B-S 效應一直存在，人民幣實際匯率一直存在內在升值驅動力。從外在原因來看，一方面，中國出口創匯能力較之改革開放初期有了質的飛躍，匯率貶值政策也不利於促進中國出口結構轉型升級，中國需要更具市場化的彈性匯率製度，因此匯率工具型貶值政策正在弱化；另一方面，進入 21 世紀後，由於全球經濟不平衡加劇，發達國家紛紛指責中國操縱匯率，低估人民幣幣值，要求人民幣升值，政治壓力也是一個重要的外在驅動力。

本章第二節將對人民幣升值及其不同驅動力的具體情形如

何影響中國企業及貿易夥伴的跨境貿易結算幣種選擇展開系統分析。

6.2 人民幣升值背景下的跨境貿易結算幣種選擇

6.2.1 人民幣升值對跨境貿易結算幣種選擇的影響

一般而言，國際貿易中的合同貨幣是合同雙方根據意思自治原則自主協商確定的，可以是出口方貨幣，也可以是進口方貨幣或者第三方貨幣。由於國際貿易合同從簽訂到交割所需時間較長，在此期間如果合同貨幣的幣值出現大幅度波動，必然會對合同雙方的經濟利益造成直接影響，因此選擇哪一方貨幣作為合同貨幣直接關係到匯率風險由誰承擔。Magee（1973）和汪洋（2011）分別討論了本幣貶值和升值與貨幣合同選擇之間的關係。鑒於人民幣長期處於升值態勢，且人民幣升值的市場預期仍然強勁，本文借鑑他們的分析框架，討論人民幣升值背景下中國進出口企業採用跨境貿易人民幣結算可能面臨的收益和風險。

為了便於分析，我們首先假設中國對外貿易出口和進口分別只使用一種結算貨幣，或者是人民幣，或者是美元，此時（進口，出口）和（人民幣，美元）之間就會有四種組合。假定中國進出口商品的價格不存在匯率傳遞機制，本國和外國居民的消費偏好也不會發生改變，那麼當人民幣相對於美元升值時（$S_1<S_0$，直接標價法），中國出口品的人民幣價格和進口品的美元價格以及進出口數量均會保持不變。在此情形下，下文將分析四種不同結算貨幣組合將會對中國貿易差額產生的影響。

组合一：進口和出口業務全部以人民幣結算。根據上文假設，人民幣升值前後中國進出口數量保持不變，分別記為 $\overline{m}$ 和 $\overline{x}$；由於中國進出口貿易都以人民幣結算（分別記為 $\overline{P_{MRC}}$，$\overline{P_{XRC}}$），因此中國以人民幣計價的貿易差額為 $BP_{RC}=\overline{P_{XRC}}\overline{x}-\overline{P_{MRC}}\overline{m}$，人民幣匯率升值後，中國以人民幣計價的貿易差額不受影響。不過，中國以美元計價的貿易差額會發生改變，BP_{DC} 在人民幣升值前後分別為 $\frac{1}{S_0}(\overline{P_{XRC}}\overline{x}-\overline{P_{MRC}}\overline{m})$ 和 $\frac{1}{S_1}(\overline{P_{XRC}}\overline{x}-\overline{P_{MRC}}\overline{m})$，這意味著，如果中國初始貿易順差，人民幣升值會使 BP_{DC} 增加；如果中國初始貿易逆差，人民幣升值會使 PB_{DC} 減少；如果中國初始貿易平衡，則人民幣升值之後 BP_{DC} 仍保持平衡。這就是說，此時，人民幣升值會對中國以美元表示的貿易差額有放大作用。

组合二：進口業務採用美元結算，出口業務採用人民幣結算。此時，中國以人民幣計價的貿易差額 BP_{RC} 在人民幣升值後由 $\overline{P_{XRC}}\overline{x}-\overline{P_{MDC}}\overline{m}S_0$ 變為 $\overline{P_{XRC}}\overline{x}-\overline{P_{MDC}}\overline{m}S_1$，由此可知，中國進口總額將會由於人民幣升值而減少，而出口額不發生改變，那麼中國以人民幣計價的貿易差額將會有所改善。中國以美元表示的貿易差額 BP_{DC} 將從 $\frac{\overline{P_{XRC}}\overline{x}}{S_0}-\overline{P_{MDC}}\overline{m}$ 變為 $\frac{\overline{P_{XRC}}\overline{x}}{S_1}-\overline{P_{MDC}}\overline{m}$，因此，中國以美元表示的貿易差額同樣能得到改善。

组合三：進口業務採用人民幣結算，出口業務採用美元結算。此時，BP_{RC} 在人民幣升值前後從 $\overline{P_{XDC}}\overline{x}S_0-\overline{P_{MRC}}\overline{m}$ 變為 $\overline{P_{XDC}}\overline{x}S_1-\overline{P_{MRC}}\overline{m}$，由此可知，中國以人民幣計價的貿易差額將會惡化。中國以美元表示的貿易差額 BP_{DC} 在人民幣升值之後從 $\overline{P_{XDC}}\overline{x}-\frac{\overline{P_{MFC}}\overline{m}}{S_0}$ 變為 $\overline{P_{XDC}}\overline{x}-\frac{\overline{P_{MFC}}\overline{m}}{S_1}$，同樣得到中國貿易差額將會惡化的

結論。

組合四：進口業務和出口業務都採用美元結算。此時，中國以人民幣計價的貿易差額 BP_{RC} 在人民幣升值前後分別為 $S_0(\overline{P_{XDC}}x-\overline{P_{MDC}}m)$ 和 $S_1(\overline{P_{XDC}}x-\overline{P_{MDC}}m)$，與組合一的情形相反，當中國進出口業務都以美元結算時，人民幣升值會對中國以人民幣計價的貿易差額產生縮小作用，而中國以美元計價的貿易差額將會保持不變。

我們稱組合一到組合四分別為狀態 A 到狀態 D，那麼在實體經濟層面上的人民幣國際化就是進出口業務從狀態 D 到狀態 A 轉變的過程。考慮到一國貨幣實現國際化無法一蹴而就，我們排除直接從狀態 D 到狀態 A 的路徑，那麼人民幣國際化的路徑選擇就有以下兩條：

其一：從最初「進出口業務均採用美元結算」（狀態 D）過渡到「進口業務以美元結算為主，出口業務以人民幣結算為主」（狀態 B），最後達到「進出口業務均採用人民幣結算」（狀態 A）；

其二：從最初的狀態 D 過渡到「進口業務以人民幣結算為主，出口業務以美元結算為主」（狀態 C），最後達到狀態 A。

一般來說，一種貨幣在逐漸成為國際貨幣的過程中，往往會面臨升值壓力，人民幣目前所處的升值態勢就是例證。在人民幣升值過程中，上述兩種不同的國際化路徑選擇將會使中國微觀經濟和宏觀經濟面臨不同的風險，亟須引起注意。

當人民幣持續升值時，狀態 B 意味著中國進口商和出口商不僅無須承擔匯率風險，而且可以從人民幣升值中獲益。相反，狀態 C 則意味著中國進口商和出口商均面臨匯率風險，出口商獲得的實際本幣收入將會下降，進口商支付的實際本幣支出將會減少，這使得中國進出口商都因人民幣升值而受損。

當然，在現實經濟生活中，中國進口或出口業務不可能單

一地採用人民幣或美元，不過上述分析仍然不失普適性。例如，如果中國出口業務使用人民幣支付的比例越高、進口業務使用美元支付的比例越高，這一情況就越接近狀態B，那麼人民幣升值對中國進出口商都有益；如果中國出口業務使用美元支付的比例越高、進口業務使用人民幣支付的比例越高，這一情況就越接近狀態C，那麼人民幣升值將使中國進出口商都受損。此外，根據上文分析，如果人民幣升值對中國進出口量不會產生影響，則狀態B能使中國貿易收支改善，狀態C卻會惡化中國國際收支狀況；如果馬歇爾-勒納條件成立，人民幣升值會使中國進口增加、出口減少，造成中國貿易收支惡化的局面，無論是狀態B還是狀態C都是如此。因此，出於對中國微觀經濟主體利益和國際收支合理的宏觀經濟利益的考慮，人民幣借由跨境貿易結算實現國際化的路徑選擇應為D→B→A。

從中國跨境貿易人民幣結算實務上看，跨境貿易人民幣結算推行在進口業務和出口業務上最初存在嚴重的「跛足」現象，即中國跨境貿易人民幣結算高度集中在進口業務，約占結算總額的91%，出口業務以人民幣結算的比重很低；隨著中國跨境貿易人民幣結算業務的綜合推進，雖然「跛足」現象得到明顯緩解，跨境貿易人民幣進口結算額所占比重降至60%左右，但仍然表現出「進口業務以人民幣結算為主，出口業務以外幣（主要是美元）為主」的局面。這表明中國當前的結算貨幣組合更符合狀態C，而這無益於中國微觀經濟主體經濟利益和「穩出口」的宏觀經濟目標。

中國從推行跨境貿易人民幣結算試點到試點範圍的擴大，都以促進貿易投資便利化為政策初衷，跨境貿易人民幣結算唯有立足於中國微觀經濟主體的利益才可能具備實踐基礎，因此跨境貿易人民幣結算策略必須有助於中國進出口企業規避匯率風險，這是順利推進跨境貿易人民幣結算進程中最為本質的要

求。因此，中國政府應該選擇第一條路徑，鼓勵中國出口方面使用人民幣結算，進口方面維持美元等外幣結算。此外，付外幣、收本幣也有利於緩解當前中國巨額外匯儲備的壓力。

不過，應該指出的是，第一條路徑也不盡完美，因為付外幣、收本幣的流動方向不利於人民幣流出境外，無法滿足境外市場對人民幣日益增長的持有需求，不利於人民幣的境外流通。換言之，第一條路徑雖然有利於保證跨境貿易人民幣結算的微觀利益基礎，卻不利於中國試圖以跨境貿易人民幣結算為突破口，實現人民幣國際化的長期願景，這種「魚和熊掌不可兼得」的兩難抉擇決定了人民幣國際化不能僅僅依賴跨境貿易人民幣結算，而必須通過跨境直接投資人民幣結算來帶動人民幣「走出去」。通過「結算中心+投資中心+離岸市場」模式，不僅能使中國企業實現經濟利益最大化，而且能為人民幣回流渠道提供機制保障，並逐步實現人民幣國際化的長期目標。

6.2.2 人民幣升值不同驅動力對跨境貿易人民幣結算的影響

本章第一節已經指出，人民幣近年來實際匯率升值是內因和外因共同驅動的結果。內因驅動的作用機制可以歸結為 B-S 效應，人民幣升值是中國可貿易品生產率相對提高的結果，本身就是中國經濟競爭力顯著提升的表現，在這種情形下，國內外居民會不斷看好中國經濟，增強對人民幣的信心，從而增強持有人民幣的意願，跨境貿易以人民幣結算就具有長期穩定性和樂觀前景。

外因驅動下的人民幣實際匯率升值具有短期性和不確定性，國際銷售合同買賣雙方力爭按照「收硬付軟」原則選擇貿易結算貨幣，在中國企業普遍缺乏合同談判主動權的背景下，這會導致跨境貿易人民幣結算收付比結構失衡，具體表現為中國企業大量付出人民幣、收入美元的「跛足」現象。從 2009 年跨境

貿易人民幣結算製度推行至今，人民幣在進出口業務的收付比失衡情況一直存在，大量學者也認為，這與市場對人民幣升值預期下的套利需求不無關係，但應該看到，人民幣收付失衡狀況有逐漸改善的趨勢，外因對人民幣結算的影響似乎正在減弱。

就實現跨境貿易人民幣結算的中長期目標而言，內因驅動下的人民幣升值對跨境貿易人民幣結算更為有利，應該成為推動人民幣結算的主導力量。要區分內因和外因對跨境貿易人民幣結算的驅動力孰大孰小，還有待考察。慶幸的是，當前中國經濟初步具備了考察條件：一方面，隨著中國全面深化改革的有序推進，中國在逐漸告別人口紅利的同時卻迎來了改革紅利，可以預見，中國經濟仍將穩定發展，內因驅動力還將長期存在；另一方面，2014年2月以來，人民幣開始大幅貶值（見圖6-1），貶值幅度一度接近3%。大幅貶值的人民幣，不僅抵消了2013年全年的漲幅，也直接導致人民幣從預期升值到貶值的逆轉，本輪人民幣貶值主要由美國退出QE呈現加速跡象和人民幣匯率波幅擴大政策引發，是外因驅動所致。如果外因導致的人民幣貶值對跨境貿易人民幣結算具有根本性影響，那麼當前跨境貿易人民幣結算的發展就具有不穩定性，且使中國進出口企業承擔完全匯率風險；反之，如果跨境貿易人民幣結算受本輪人民幣貶值影響不大，甚至穩步發展，說明當前跨境貿易人民幣結算具有長期性和穩定性。

6.3 在岸人民幣市場和離岸人民幣市場的套利投機

跨境貿易人民幣結算有一個必須解決的問題：如何為境外人民幣提供順暢的回流機制保障。如果中國實現經常項目和資本項目完全可自由兌換，這個問題可以迎刃而解，但當前中國

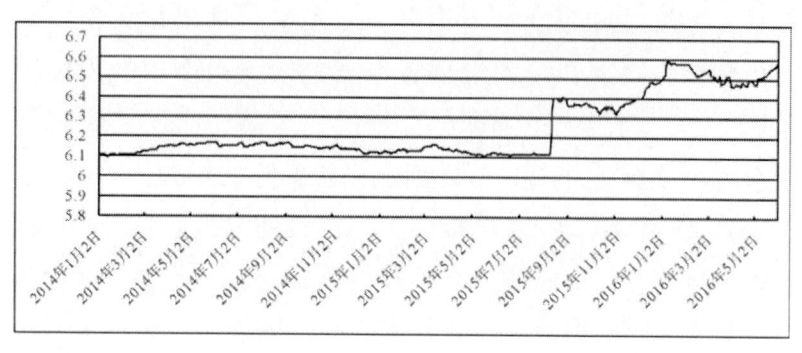

圖6-1　2014年1月—2016年5月人民幣兌美元名義匯率
數據來源：IMF網站。

資本項目尚且不能完全自由兌換,① 這就使得跨境貿易人民幣結算資金流動不可避免地陷入困境：一方面，隨著跨境貿易人民幣結算規模的擴大，尤其是中國進口業務支付人民幣規模不斷增大，經過一段時期後必然形成人民幣在境外累積沉澱，如果境外人民幣持有者無法找到人民幣資產保值增值的有效途徑，勢必會降低對人民幣的持有信心；另一方面，出於風險可控性考慮，中國資本帳戶不可能在短時間內完全開放，因此境外人民幣持有者無法使用其所持人民幣資產在中國從事投資活動。如果這個困境不能破解，人民幣長期缺乏回流機制和投資渠道，國際市場必然會逐漸喪失對人民幣的信心，跨境貿易人民幣結算也將難以為繼，更不用說人民幣國際化的長期願景。建立人民幣離岸市場正是在當前條件下解決上述困境的有效方法，它為人民幣在資本帳戶尚未完全自由兌換的背景下提供了順暢的流出和流入機制保障。

---

① 根據IMF（2012）的外匯報告，2012年中國在資本交易項下的證券交易、貨幣市場工具、集合投資證券、棄權和其他工具、商業信貸、金融信貸、金融擔保、直接投資、直接投資流動性、不動產交易、私人資本交易、機構投資者等業務都存在管制。

依託內地，長期以來香港經濟與內地經濟關係緊密，2003年兩地簽署 CEPA 協定，進一步推動內地和香港的全方位經濟合作，香港成為人民幣離岸中心具有得天獨厚的優勢。早在2003年，中國人民銀行就已經允許香港銀行辦理人民幣業務；2005年12月，中國人民銀行允許7個行業的指定商戶開設人民幣存款帳戶；2007年6月，中國人民銀行和發改委允許內地企業到香港發行人民幣債券。有了近6年的金融合作經驗累積，香港在2009年6月成為配合跨境貿易人民幣結算的離岸市場也就是水到渠成的事了。

為了配合跨境貿易人民幣結算試點的擴大，2010年7月，中國人民銀行與香港金融管理局簽訂了《中國人民銀行與香港金融管理局補充合作備忘錄（四）號》，同時與中國銀行（香港）有限公司重新簽訂《關於人民幣業務的清算協議》，放寬了對人民幣匯款和兌換等方面的限制。在一系列政策措施的支持下，香港人民幣業務呈現快速發展勢頭。2004—2009年第3季度，香港人民幣存款量增長緩慢，但2009年年底之後，存款量直線上升，香港經營人民幣業務的認可機構數量也呈現出相同態勢。截至2014年2月，香港人民幣存款達9,203.45億元，占香港同期外幣存款的19.23%，分別比2009年年初增長了15.92倍和17.39個百分點。

互聯網金融的實時性、扁平性和瞬間可操作性要求在岸人民幣市場（CNY）和離岸人民幣市場（CNH）實現充分對接，這對於推進跨境貿易人民幣結算從而推動人民幣國際化至關重要（中國人民銀行泉州市中心支行課題組，2011）。然而，由於兩地金融市場客觀上存在分割，加上 CNH 市場人民幣存款投資渠道有限，香港離岸人民幣市場利率一直低於內地。與此同時，近年來境內外普遍存在人民幣升值預期，而且境外投資者對人民幣升值預期更加強烈，從而導致 CNH 市場中人民幣對美元的

匯率水平高於內地。2009—2010年,兩地匯差最高時達到了1,300點,但是這種情況在2011年第2季度出現逆轉。當時歐債危機愈演愈烈,國際投資者對美元需求增加,CNH市場出現了拋售人民幣的情況,香港人民幣對美元貶值,並引發內地人民幣對美元隨之貶值,由此出現了人民幣對美元匯率在香港和內地出現了「倒掛」現象,並一直持續到2013年年初。

在CNH和CNY市場存在分割的情況下,利用兩地利率差異進行套利的可能性是存在的,這不僅直接挑戰了央行貨幣政策的有效性、自主性和可控性,也會使跨境貿易人民幣結算在人民幣升值情況下出現虛假繁榮的景象。當CNH市場人民幣出現升值趨勢時,中外投資者會在CNY市場買進人民幣,在CNH市場出售人民幣,境內人民幣將會升值;反之,當CNH市場人民幣貶值時,投資者會在CNH市場買入人民幣,再到CNY市場出售人民幣,從而推動境內人民幣貶值。比如,從2011年11月30日開始,人民幣對美元即期匯率連續12個交易日觸及跌停,事實上這是受CNH市場所影響,香港從2011年8月起人民幣一直在貶值,在10月盤整一段時間以後,11月底又出現明顯貶值。企業只要手中有人民幣,就可以利用兩地利差的加大賺取價差,出於這個原因,企業也增強了人民幣結算意願,但是基於套匯投機動機而增加的跨境貿易人民幣結算本身具有不穩定性、短期性,它所帶來的跨境貿易人民幣結算需求增加只是一種短期的虛假繁榮,不是真實存在的結算需求,對此中國監管部門應予以重視。

殷劍峰(2011)指出,日本20世紀80年代在國內實施金融管制、資本項目完全放開的背景下,在日元的離岸市場和在岸市場之間上演了一齣「再貸款」的遊戲,成為推動1990年泡沫危機和隨後長期經濟蕭條的重要原因,也使得日元國際化進程陷入倒退。他由此提出警告,如果內地放開資本項目,香港

非常有可能扮演如同當年日元「再貸款遊戲」中那樣的通道角色。要避免這一警告成為現實，唯一的途徑是在岸人民幣市場和離岸人民幣市場實現充分對接，具體而言，至少需要從以下幾個方面著手：①內地應該著手建立市場化利率和匯率體系，盡快實現與香港國際金融中心的金融發展廣度和深度，從根本上縮小兩地利差範圍；②香港離岸市場應該開發更為豐富的人民幣投資產品，拓寬人民幣投資渠道，提高人民幣資產收益率；③引導市場形成人民幣匯率雙向波動的預期，尤其應該避免市場形成人民幣匯率單邊升值或貶值預期，這樣可以有效打擊處於投機套利動機而大量出入的熱錢。

張明、何帆（2012）對在岸離岸人民幣套利現象進行分析，並強調在政策優先次序上，國內經濟結構性調整應優於人民幣國際化，利率與匯率市場化改革以及國內金融市場深化應優於資本帳戶開放。當然，套匯並非有害無益，它有利於人民幣資產價格發現機制形成，倒逼內地金融體制改革，只不過在當前中國金融市場化程度較低、資本帳戶存在管制、人民幣單邊預期的背景下，應該對此格外關注。出於真實需求的跨境貿易人民幣結算是主體，利用兩地匯價進行套利不是跨境貿易人民幣結算的前提條件。

6.4　本章小結

本章承接了第五章的研究結論，立足於人民幣多年來長期處於升值趨勢和升值預期的經濟背景，對當前跨境貿易人民幣結算不能很好幫助中國外貿企業規避匯率波動風險的原因展開了深入討論。本章圍繞「引起人民幣升值的驅動力是什麼？」和「不同驅動力對跨境貿易人民幣結算有什麼影響？」這兩個問題

展開研究，實證檢驗改革開放以來人民幣對美元實際匯率具備 B-S 效應，跨境貿易人民幣結算需求是市場的真實需求，具有可持續性；套利投機需求也對跨境貿易人民幣結算起了一定推動作用，但不是關鍵性因素。

本章進一步分析了當前在跨境貿易人民幣收付結構失衡的情況下，人民幣匯率升值對中國國際收支平衡等宏觀經濟目標所產生的影響，更從微觀經濟視角分析了這對中國外貿企業利益所產生的影響。此外，本章第三節還分析了跨境貿易人民幣結算與離岸人民幣市場和在岸人民幣市場存在利差套利空間的相關問題。

7 中國對外貿易匯率敏感性及其對跨境貿易人民幣結算的影響

本章繼續承接第五章的分析，著重分析中國對外貿易敏感性，進而考察中國企業對外貿易談判話語權對中國企業跨境貿易結算幣種選擇的影響。具體地，本章分別分析了中國進出口商品結構及其匯率敏感性、中國對外貿易方式及其匯率敏感性、中國進出口企業性質及其匯率管理能力，最後總結中國對外貿易匯率敏感性對跨境貿易人民幣結算的影響。

7.1 中國進出口商品結構及其匯率敏感性研究

7.1.1 進出口商品結構與匯率敏感性關係的理論推導模型

根據對稱性原理，筆者只分析出口方向，進口方向的結論類似。假設 P_d 和 P_f 分別為中國出口品以本幣和外幣表示的價格，E 為直接標價法下本幣對外幣的名義匯率，在一價定律成立的情況下，$E \times P_f = P_d$；D 為國外市場對本國出口品的需求量，S 為本國出口品的供應量，且 $D = S$；η、ε 分別為出口需求價格彈性和出口供給價格彈性；EX 為以本幣表示的出口額，則以本幣表示的出口額 $X = D \times P_d = D \times (P_f E)$，根據隱函數求導法

則，有：

$$\frac{dX}{dE} = \frac{d(D \times P_f E)}{dE}$$

$$= \frac{dD}{dE} \times P_f E + \frac{dP_f}{dE} \times DE + DP_f$$

$$= \frac{dD}{D} \times \frac{P_f}{dP_f} \times d \times \frac{dP_f}{dE} \times E + \frac{dP_f}{dE} \times DE + DP_f$$

$$= \left(\frac{dD/D}{dP_f/P_f} + 1\right) \times DE \times \frac{dP_f}{dE} + DP_f$$

$$= (\eta + 1) \times DE \times \frac{dp_f}{dE} + DP_f \quad\quad 式（7-1-1）$$

式（7-1-1）中，$\frac{dP_f}{dE}$ 表示匯率變化對以外幣表示的出口品價格的影響，表示匯率傳遞性（Pass-through of exchange）。

假設出口供需均衡，即

$$G(P_f, E) = D(P_f) - S(P_f \times E) = 0 \quad\quad 式（7-1-2）$$

根據隱函數定理可得：

$$\frac{dP_f}{dE} = -\frac{\partial G/\partial E}{\partial G/\partial P_f} \quad\quad 式（7-1-3）$$

由式（7-1-2）有 $\frac{\partial G}{\partial E} = -S'P_f$，$\frac{\partial G}{\partial P_f} = D' - S'E$，

其中 $S' = \frac{dS}{dP_d}$，$D' = \frac{dD}{dP_f} \quad\quad 式（7-1-4）$

將式（7-1-4）代入式（7-1-3），有：

$$\frac{dP_f}{dE} = \frac{S'P_f}{D' - S'E} \quad\quad 式（7-1-5）$$

將式（7-1-5）右邊代數式分子分母同時乘以 $\frac{P_d}{S}$，結合 $D = S$ 可得：

$$\frac{dP_f}{dE} = \frac{(dS/dP_d) \cdot P_f \cdot (P_d/S)}{(dD/dP_f - E \cdot dS/dP_d) \cdot (P_d/S)}$$

$$= \frac{(dS/S)/(dP_d/P_d) \cdot P_f}{(dD/D)/(dP_f/P_f) \cdot E - (dS/S)/(dP_d/P_d) \cdot E}$$

$$= \frac{\varepsilon P_f}{(\eta - \varepsilon)E} \qquad 式 (7-1-6)$$

將式（7-1-6）代入式（7-1-1），整理得：

$$\frac{dX}{dE} = (\eta + 1) \cdot DE \cdot \frac{\varepsilon P_f}{(\eta - \varepsilon)E} + DP_f$$

$$= DP_f \cdot \frac{\eta(\varepsilon + 1)}{(\eta - \varepsilon)} = \frac{X}{E} \cdot \frac{\eta(\varepsilon + 1)}{\eta - \varepsilon}$$

$$\Rightarrow \frac{dX/X}{dE/E} = -\frac{\eta(\varepsilon + 1)}{\varepsilon - \eta} \qquad 式 (7-1-7)$$

式（7-1-7）為出口商品對匯率的敏感性表達式，由於 $\eta<0$，$\varepsilon>0$，所以 $\frac{dX/X}{dE/E} = -\frac{\eta(\varepsilon+1)}{\varepsilon-\eta} >0$ 是可以確定的，即本幣升值，出口一定會減少，本幣貶值，出口一定會增加。只是，不同產品的出口需求價格彈性和供給價格彈性往往具有很大差異，一般而言，商品差異化程度和技術含量越高，出口需求價格彈性越低；生產出口品利潤空間越大，附加值越高，供給價格彈性就越低。

令 $\frac{dX/X}{dE/E} = se$，則 $\frac{\partial se}{\partial \eta} = (1+\varepsilon)\frac{\varepsilon}{(\varepsilon-\eta)^2} > 0$，$\frac{\partial se}{\partial \varepsilon} = \frac{\eta(\eta+1)}{(\varepsilon-\eta)^2}$

$$式 (7-1-8)$$

式（7-1-8）表明：①在其他條件不變的情況下，出口品需求價格彈性越大，其出口額的匯率敏感性也越大，一般而言，同質化程度越高的產品，其出口需求價格彈性越大，出口額會因本幣匯率升值而遭受較大打擊；②在其他條件不變的情況下，如果出口品需求價格缺乏彈性（即$-1<\eta<0$），那麼該商品出口

額匯率敏感性隨著供給價格彈性的增加而降低，符合這一特徵的商品一般是生產利潤空間大、附加值高的產品，如技術密集型產品、資本密集型產品等。類似地，當中國進口產品以同質化程度高、附加值低的勞動密集型、資源密集型產品為主時，進口額的匯率敏感性就比較小，更有利於進口商增強合同談判能力。

7.1.2 中國進出口商品結構及其匯率敏感性

表7-1為中國改革開放以來按國際貿易標準分類（Standard International Trade Classification，SITC）的十大類產品出口和進口所占比重。[①] 學者們通常將SITC-0—SITC-4類歸為資源密集型產品，SITC-6和SITC-8類為勞動密集型產品，SITC-5、SITC-7、SITC-9為資本密集型產品，據此將表7-1加總整理為表7-2。

從表7-1和表7-2中可以看出1980—2012年：①中國資源密集型產品的出口比重不斷下降，從1980年的50.3%下降到2012年的4.91%；但是其進口比重則呈現先下降後上升的「V」形變化過程，轉折點發生在20世紀90年代中期，主要原因是國內資源越來越無法滿足中國經濟快速發展的需求，需要通過進口彌補供需缺口，資源密集型產品進口增加主要在SITC-2類產品和SITC-3類產品；②中國勞動密集型產品出口比重呈現先上

---

① SITC是1950年聯合國經濟及社會理事會編制的國際上用於貿易統計的商品分類標準，該標準是按照商品的加工程度由低級到高級編排分類，同時也適當考慮了商品的自然屬性。SITC將所有商品分為十大類，分別是0類食品及主要供食用的活動物；1類飲料及菸；2類燃料以外的非食用粗原料；3類礦物燃料、潤滑油及有關燃料；4類動植物油脂及石蠟；5類未列名化學品及有關產品；6類主要按原料分類的製成品；7類機械及運輸設備；8類雜項製品；9類未分類的其他製成品。

升後下降的倒「V」形趨勢,轉折點出現在20世紀90年代末,出現這一趨勢的原因主要是中國出口創新能力有所提高、人口紅利逐漸消失等;中國勞動密集型產品進口比重略有波動,但總體呈現下降趨勢,從20世紀80年代初的30%左右降至2012年的15.53%;③我國資本密集型產品出口比重總體呈現上升趨勢,從1980年的11.98%上升至2010年的55.1%,2012年該比重略有下降;中國資本密集型產品進口比重比較穩定,在20世紀90年代有所上升,這反應出鄧小平南方談話提出的「以市場換技術」戰略的效果。

表 7-1　1980—2012 年中國 SITC 分類產品出口和進口比重(%)

年份	方向	SITC-0	SITC-1	SITC-2	SITC-3	SITC-4	SITC-5	SITC-6	SITC-7	SITC-8	SITC-9
1980	出口	16.47	0.43	9.44	23.62	0.33	6.18	22.07	4.65	15.65	1.14
	進口	14.62	0.18	17.75	1.01	1.19	14.53	20.75	25.57	2.71	1.67
1985	出口	13.9	0.38	9.7	26.08	0.49	4.97	16.43	2.82	12.75	12.48
	進口	3.68	0.49	7.66	0.41	0.29	10.58	28.16	38.43	4.50	5.81
1990	出口	10.64	0.55	5.70	8.43	0.26	6.01	20.25	9.00	20.43	18.72
	進口	6.25	0.29	7.70	2.38	1.84	12.46	16.7	31.58	3.94	16.85
1995	出口	6.69	0.92	2.94	3.58	0.31	6.11	21.67	21.11	36.66	0.00
	進口	4.64	0.30	7.69	3.88	1.97	13.1	21.78	39.85	6.25	0.52
2000	出口	4.93	0.30	1.79	3.15	0.05	4.85	17.07	33.15	34.62	0.09
	進口	2.11	0.16	8.89	9.17	0.43	13.42	18.57	40.84	5.66	0.73
2005	出口	2.95	0.16	0.98	2.31	0.04	4.69	16.95	46.23	25.48	0.21
	進口	1.42	0.12	10.64	9.69	0.51	11.78	12.3	44.01	9.22	0.30
2010	出口	2.61	0.12	0.74	1.69	0.02	5.55	15.79	49.45	23.94	0.09
	進口	1.54	0.17	15.19	13.54	0.63	10.72	9.4	39.35	8.13	1.32
2012	出口	2.54	0.13	0.70	1.51	0.03	5.54	16.26	47.07	26.15	0.07
	進口	1.94	0.24	14.83	17.22	0.69	9.86	8.03	35.91	7.51	3.78

數據來源:國家統計局網站。

表 7-2　　　　　1980—2012 年中國不同要素
密集度產品出口和進口比重（％）

	資源密集型產品		勞動密集型產品		資本密集型產品	
	出口	進口	出口	進口	出口	進口
1980	50.30	34.77	37.72	23.46	11.98	41.77
1985	50.56	12.52	29.17	32.66	20.27	54.82
1990	25.59	18.47	40.69	20.64	33.73	60.89
1995	14.44	18.49	58.33	28.04	27.23	53.48
2000	10.22	20.76	51.69	24.24	38.09	55.00
2005	6.44	22.38	42.43	21.52	51.13	56.10
2010	5.18	31.07	39.72	17.54	55.10	51.39
2012	4.91	34.92	42.41	15.53	52.68	49.55

由於貨物生產體系龐大複雜，簡單地按要素密集度將商品劃分為資源密集型、勞動密集型和資本密集型產品顯然過於粗糙，即便是 SITC-0—SITC-4 類的初級產品也不乏高技術含量的商品，而資本密集型產品中也囊括著名不副實的「高質量」產品。有鑒於此，我們需要進一步分解中國進出口商品的技術含量，分析其質量等級。Lall（2000），楊汝岱、朱詩娥（2008）等國內外學者在國際貿易產品質量等級上已經取得很有借鑑意義的研究成果。表 7-3 為筆者根據 Lall（2000），楊汝岱、朱詩娥（2008）的研究成果，整理出的中國進出口商品技術等級分佈。

表 7-3　中國進口和出口商品技術等級分佈（％）

年份	方向	PP	RB1	RB2	LT1	LT2	MT1	MT2	MT3	HT1	HT2
1985	出口	37.51	2.8	6.9	46.7	1.77	0.12	2.43	0.47	0.16	1.14
	進口	13.25	7.32	3.69	16.6	14.42	12.95	18.76	6.11	6.26	0.64

表7-3(續)

年份	方向	PP	RB1	RB2	LT1	LT2	MT1	MT2	MT3	HT1	HT2
1990	出口	21.06	4.76	6.5	30.1	10.87	6.07	5.43	9.76	3.74	1.71
	進口	10.26	6.87	5.77	9.52	7.67	8.09	15.93	22.36	9.39	4.15
1995	出口	9.48	5.73	5.65	29.01	17.77	1.04	6.85	10.32	11.86	2.29
	進口	11.55	5.01	7.19	8.82	8.97	2.25	13.16	23.75	15.82	3.47
2000	出口	6.85	3.96	4.83	24.32	17.34	1.65	5.4	11.51	21.59	2.54
	進口	15.6	5.66	8.25	6.28	7.02	1.74	10.55	14.34	26.75	3.81
2005	出口	3.92	3.19	4.8	17.25	15.12	2.03	4.96	13.41	32.4	2.93
	進口	15.16	3.2	10.5	3.02	6.77	2.02	7.22	13.19	30.72	8.22
2010	出口	3.22	2.9	5.02	15.44	14.98	2.33	4.14	15.37	33.22	3.38
	進口	20.16	3.4	15.1	1.86	4.09	3.98	5.87	12.26	26.08	7.2
2012	出口	3.08	3.1	5.08	15.02	17.6	2.6	4.24	14.68	31.23	3.37
	進口	24.09	3.63	15.09	1.8	3.47	4.51	5.14	10.52	24.89	6.85

註：Lall（2000）、楊汝岱、朱詩娥（2007，2008）等學者按照SITC三位數分類將200多種商品分為四大類：資源密集型產品（PP）、勞動密集型產品（LT）、資本密集型產品（MT）和技術密集型產品（HT），又分別在此基礎上按技術等級從高到低將商品細分為十個類別：初級產品（PP）、農業加工產品（RB1）、其他資源型產品（RB2）、紡織服裝產品（LT1）、其他低技術產品（LT2）、自動化產品（MT1）、加工產品（MT2）、發動機產品（MT3）、電子電氣產品（HT1）和其他高技術產品（HT2）。詳見附錄C。

數據來源：UNcomtrade數據庫。

從表7-3可以看出，中國從改革開放之初至今，對外貿易商品技術等級發生了質的變化。從出口方面來看，1985年，中國初級產品（PP）和紡織服裝產品（LT1）占出口貿易總額的84.21%，占據絕對性地位，中等技術等級以上的產品出口比重不到5%，此後，中國PP和LT1產品的出口比重逐漸下降，到2012年，二者出口比重僅為18.1%，中低技術等級以上的產品出口比重上升至56.12%；農業加工產品（RB1）和其他資源型產品（RB2）的出口比重相對穩定。從進口方面來看，1985年

中國中低技術產品進口比重最大，為68.83%，其次為初級產品，高技術產品出口比重最低，此後，中低技術產品進口比重逐漸降低，到2012年該比重為25.45%，高技術產品比重則大幅提高，從1985年的6.91%上升到2012年的31.74%；初級產品和資源型產品的進口比重呈現先降後升的「V」形變化趨勢，這也與表7-1和表7-2的數據相吻合。

根據式（7-1-8）的模型推導結論，結合表7-1、表7-2和表7-3的統計數據，我們可以初步總結出中國進出口商品的匯率敏感性程度：①20世紀90年代中期以來，中國資源密集型產品和勞動密集型產品出口比重不斷降低，資本密集型產品比重不斷提高，且出口產品的技術等級逐漸從初級上升至中低級，因此，中國出口商品的匯率敏感性應該有所降低，中國出口企業的合同談判能力應該有所提高；②20世紀90年代中末期以來，中國資源密集型產品進口比重呈現上升趨勢，勞動密集型產品進口比重呈現下降趨勢，資本密集型產品呈現上升趨勢，且中國進口產品的技術等級呈「兩端大，中間小」的凹透鏡形態分佈，因此中國進口商品的匯率敏感性應該有所提高，中國進口企業的合同談判能力應該有所降低。

由於缺乏定價權，近年來，中國在原油、鐵礦石、農產品、有色金屬等大宗商品交易市場上往往要承受「一買就漲、一賣就跌」的尷尬與無奈，中國在大宗商品交易談判中的定價話語權有時甚至不如貿易小國，因此上述關於中國進口談判能力的判斷與現實情況較為一致。比較有爭議的是中國出口競爭力和出口企業合同談判能力是否提高這一問題。本節的數據分析初步得到「中國出口技術等級有所上升，出口產品匯率敏感性有所降低」的結論與Schott（2006），Dani Rodrik（2006），楊汝岱、姚洋（2008）等學者的研究結論一致，但劉志彪、張杰（2009），施炳展、李坤望（2008），戴翔、張二震（2011）則

認為中國出口技術提升能力有限，中國在高技術和資本密集型產品的國際分工地位尤為低下。劉旗（2011）也指出，跨境貿易人民幣結算失衡的重要原因，是中國出口產品的實際技術水平不高導致中國進口商在貿易結算貨幣選擇上居於不利地位，而中國在進口產品上擁有相對較大的話語權。

從數據上看，雖然中國資本密集型產品出口比重不斷提高，出口產品技術等級也實現了飛躍，但由於中國加工貿易比重過高，因此中國即使大量出口資本密集型、技術密集型產品，所獲得的附加值仍然有限，換句話說，在全球價值鏈分工體系中中國只是參與到「微笑曲線」的兩端——低技術、低創新、勞動密集型的生產製造與組裝環節。下文，筆者將從中國進出口貿易方式的視角，分析中國不同貿易方式下的匯率敏感性。

7.2 中國對外貿易方式及其匯率敏感性研究

貿易方式不同，進口產品的性質及其面臨的匯率風險暴露也不同。原外經貿部 2002 年 12 月《加工貿易保稅進口料件內銷審批管理暫行辦法》規定，除了確有特殊原因需出口轉內銷以外，加工貿易保稅進口料件應全部加工復出口，因此可以從中間投入品的角度理解加工貿易進出口產品。結合中國對外貿易方式現狀，筆者借鑑 Sumimaru ODANO 和 Mai Ngoc Lan（2005）的研究，建立了不同貿易方式與匯率敏感性關係的理論模型。筆者將 Sumimaru ODANO 和 Mai Ngoc Lan（2005）關於中間投入品的比重大小與中國當前貿易方式相匹配，討論中國不同貿易方式的人民幣匯率敏感性，在此基礎上探討跨境貿易以人民幣結算的相關問題。

7.2.1 對外貿易方式結構與匯率敏感性關係的理論推導模型

基於對稱性原理，筆者只分析出口加工貿易的情形。假設中國實行自由開放對外經濟政策，中國國內生產廠商難以完全通過自身技術替代進口中間產品。國內廠商面臨的國內外產品價格相互獨立，二者的價格替代彈性為0，廠商根據利潤最大化原則安排生產經營活動。假設代表性廠商生產產品 i 的成本函數為：

$$C = C(Q_i, W_i, E, W_i^*) \quad\quad 式（7-2-1）$$

式（7-2-1）中，Q_i 表示產品 i 的產量，W_i 和 W_i^* 表示生產產品 i 的國內投入品價格和國外投入品價格，E 表示直接標價法下人民幣對進口方貨幣的實際匯率。廠商成本函數滿足 $C_Q' > 0$，$C_W' > 0$ 和 $C_{W^*}' > 0$，即邊際成本隨著產量、國內外投入品價格的上升而增加。假設邊際成本是國內投入品價格和國外投入品價格的一次齊次函數，則歐拉法則成立：

$$C = \frac{\partial C}{\partial W_i} W_i + \frac{\partial C}{\partial E W_i^*} E W_i^* \quad\quad 式（7-2-2）$$

式（7-2-2）表明，在滿足以上假定的情況下，進口中間投入品因人民幣匯率變動所引起的中國廠商邊際成本的變化僅取決於國外中間投入品在成本中的重要程度。

假設廠商生產的出口產品 i 所面臨的需求曲線可表述為：$P_i = f(Q_i)$，其中 P_i 為以進口方貨幣表示的產品 i 的價格，且 $f' < 0$。則廠商利潤最大化的邊際條件是邊際收益等於邊際成本，即：

$$E(P_i + Q_i f') = C = \frac{\partial C}{\partial W_i} W_i + \frac{\partial C}{\partial E W_i^*} E W_i^* \quad\quad 式（7-2-3）$$

根據式（7-2-3），可從完全競爭市場和不完全競爭市場情形分別對貿易方式敏感性進行討論。

情形一：完全競爭市場情況下，$f' = 0$，則式（7-2-3）簡

化為：

$$EP_i = \frac{\partial C}{\partial W_i} W_i + \frac{\partial C}{\partial EW_i^*} EW_i^* \qquad 式（7-2-4）$$

由式（7-2-4）可得兩個推論。推論1：如果生產產品 i 只投入微小比例的進口中間產品，則人民幣匯率變化對中國廠商成本的影響很小，因此 E 的下降會被相同幅度的 P_i 的上升所抵消，這使得中國出口競爭力會因人民幣匯率升值而小幅削弱，削弱的程度取決於升值的程度。推論2：如果生產產品 i 使用相當比重的進口中間投入品，那麼 E 的下降可減少成本 C，成本降幅大於匯率升值幅度，因此 P_i 也會降低，使得出口增加，出口增加帶動進口增加。

情形二：不完全競爭市場情況下，$f'<0$，則式（7-2-3）也可得到兩個推論。推論1：如果生產產品 i 只投入微小比例的進口中間產品，E 的下降對成本 C 不會產生太大影響，要使式（7-2-3）成立，須滿足 $P_i+Q_i f'$ 上升。由於 Q_i 和 f' 反方向變化，P_i 上升才能保證 $P_i+Q_i f'$ 上升恆成立。這會使中國出口競爭力受到削弱，進口也會小幅降低。推論2：如果生產產品 i 使用相當比重的進口中間投入品，那麼 E 的下降使成本 C 下降，如果 C 的降幅小於 E，則 P 會上升，Q 會下降，出口量的下降也使得中間產品需求量減弱。如果 C 的降幅大於 E，則 P 會下降，Q 將上升，出口量增加帶來更強勁的中間產品進口需求。

7.2.2 中國對外貿易方式結構現狀及其匯率敏感性

改革開放以後，中國對外貿易方式結構主要體現為一般貿易和加工貿易之間此消彼長的關係，二者的區別在於中國企業參與到對外貿易價值鏈條「研發—加工制造與裝配—物流—市場營銷」的哪些環節。對於一般貿易而言，中國企業參與到每個價值鏈環節，因此能夠最大限度地獲取每個環節的價值鏈增值；但是，

對於加工貿易而言，中國企業只能參與對外貿易價值鏈條中增值最少的加工制造與裝配環節，中國企業很難從中獲得競爭優勢。

中國在改革開放之初，無論是出口還是進口，一般貿易都占絕對性比重，這主要是因為中國當時對外貿易總體發展層次和水平都比較低，對外貿易方式單一；2001年中國加入WTO以後，加工貿易出口快速發展，不過加工貿易出口比重早於20世紀80年代末就開始穩步提高，並於1999年達到57%的峰值水平，與之相應的則是一般貿易出口比重不斷下滑，並於1998年跌到40%的低谷水平。2005年之後，中國加工貿易出口比重有所下降，2013年回落到39%的水平，一般貿易出口比重則緩慢提高至49%。中國一般貿易和加工貿易進口走勢基本也與出口走勢一致，只是加工貿易進口比重較出口比重更低，1997年達到峰值49%，2013年又回落至25%的水平。

改革開放以來，中國進出口貿易總額世界位次從第29位發展為第2位，出口貿易世界位次更是從2009年以後穩居世界第一，但是中國進出口貿易過多倚賴加工貿易方式，不僅使中國進出口總額虛高，也使中國企業不得不依靠壓縮成本獲取微薄利潤，幾乎沒有培養創新能力、提升技術水平可言，這也能從中國一般貿易和加工貿易貨物分類構成中得到佐證（見表7-4）。

表7-4　中國一般貿易和加工貿易進出口HS分類商品比重（%）

	2007年				2012年			
	一般貿易		加工貿易		一般貿易		加工貿易	
	出口	進口	出口	進口	出口	進口	出口	進口
第一類	0.80	0.65	0.49	0.73	1.10	0.88	0.51	0.64
第二類	1.89	3.23	0.07	0.20	1.53	4.56	0.11	0.40
第三類	0.04	1.35	0.01	0.05	0.04	0.99	0.01	0.06
第四類	2.28	0.81	0.66	0.08	2.27	1.11	0.50	0.06
第五類	2.38	32.89	0.94	2.33	0.90	37.07	1.03	4.25

表7-4(續)

| | 2007年 |||| 2012年 ||||
| | 一般貿易 || 加工貿易 || 一般貿易 || 加工貿易 ||
	出口	進口	出口	進口	出口	進口	出口	進口
第六類	7.48	10.31	1.50	4.22	7.89	7.55	1.35	3.95
第七類	2.27	4.85	3.66	7.75	3.67	4.47	4.07	6.71
第八類	1.78	0.43	0.92	1.32	2.34	0.47	0.68	0.99
第九類	1.75	0.85	0.29	0.40	1.23	1.08	0.20	0.22
第十類	0.67	2.16	0.84	1.15	0.91	1.65	0.83	0.84
第十一類	22.34	1.51	5.95	4.53	18.71	1.96	4.53	3.16
第十二類	2.93	0.10	1.77	0.13	3.95	0.15	1.47	0.12
第十三類	2.73	0.34	0.45	0.73	3.44	0.36	0.36	1.03
第十四類	0.60	0.49	0.76	1.01	0.19	0.56	4.94	1.15
第十五類	16.85	8.63	2.78	8.42	11.72	6.11	2.04	5.60
第十六類	20.10	21.91	64.67	53.76	24.69	16.80	61.35	51.50
第十七類	4.63	5.70	4.55	0.26	4.69	7.45	6.65	0.38
第十八類	1.47	3.32	4.77	11.95	1.85	3.49	5.62	10.73
第十九類	0.01	0.000,5	0.000,1	0.000,04	0.01	0.001	0.000,02	0
第二十類	6.67	0.30	4.84	0.48	8.81	0.27	3.60	0.35
第二十一類	0.01	0.002	0.000,2	0	0.05	0.004	0.000,04	0
第二十二類	0.31	0.16	0.08	0.49	0.004	3.01	0.16	7.85

數據來源:《中國貿易外經統計年鑒2008》和《中國貿易外經統計年鑒2013》。

從表7-4中可以看出,2007年中國一般貿易出口前三大類商品為第十一類紡織品、第十六類機械設備和第十五類賤金屬製品,這意味著即便是在價值鏈中擁有較大主動權的一般貿易,因為出口商品處於低端,也使中國在一般貿易出口談判中陷入被動;加工貿易出口則以第十六類商品獨占鰲頭,這再一次驗證了中國出口商品結構雖然在要素密集度和技術等級上有所提高,但附加值實際上非常有限。2012年,這種狀況並沒有得到

明顯改觀，中國一般貿易和加工貿易仍然處於全球分工體系的下游。

從進口來看，2007年中國一般貿易進口前三大類產品為第五類礦產品，第十六類機械設備和第六類化工產品，礦產品占中國一般貿易進口總額的32.89%，這充分反應出中國出口產品很大程度上依賴中間投入品進口，無論從本章第一節分析的定價權角度還是本節第一部分的理論模型，我們都不難得到中國一般貿易對匯率高度敏感的結論；加工貿易進口依然是第十六類機械設備占領半壁江山，其次是第十八類精密儀器及設備。這一點不難理解，因為加工貿易的進口和出口是相輔相成的，中國先進口需要組裝的先進設備，經過加工裝配後再出口，這個過程中，中國高技術產品的進出口值都有顯著增加，但事實上中國獲得的僅僅是加工環節中的微薄收入。

7.3　中國進出口企業性質及其匯率管理能力

借助中國大量招商引資優惠政策，外資企業逐漸發展為中國進出口貿易的主體，占中國企業總數不到3%的外資企業，進出口額比重卻達50%～60%；外資企業同時也是中國貿易順差的貢獻力量，1994年以來中國對外貿易順差連年擴大，這其中有很大部分源於外資企業，2012年外資企業貿易順差占中國貿易順差的65.6%；與此同時，外資企業也是中國加工貿易的主體，2013年外資企業加工貿易進出口額占其進出口額的比重約為58%。

國家外匯管理局陝西省分局文組（2006）對60家陝西省外商投資企業和借用外債企業的匯率風險管理狀況進行調查研究，他們發現，外商投資企業的匯率風險意識明顯強於內資企業，

世界五百強、著名跨國公司設立的外商投資企業、境外上市企業的匯率風險管理能力明顯高於一般外商投資企業。範躍進、王帥（2009）研究發現，G3匯率波動對中國內資企業和外資企業出口具有不對稱影響。一般而言，外資企業對外匯波動更為敏感，也具有更強的匯率風險管理意識，外資企業往往更傾向於持有一部分人民幣資產，以便更好地進行財務管理。

7.4　中國對外貿易匯率敏感性與跨境貿易結算幣種選擇

出口匯率敏感性體現了一國出口競爭力的高低，出口匯率敏感性越高，說明該國出口品在國際市場上越是價格的接受者，生產出口品的利潤空間狹小，附加值低，從而不利於該國企業在出口談判中獲得主動權，自然不利於結算幣種選擇談判。相應地，進口匯率敏感性體現了一國的進口議價定價談判能力，進口匯率敏感性越高，說明進口品生產國在國際市場上越是價格的接受者，從而有利於中國企業在進口談判中獲得主動權，加之當今全球經濟已經發展成為買方經濟，進口商在結算貨幣選擇上具有更大的優先權。

根據第二章對進出口結構與結算貨幣選擇關係的文獻回顧，我們知道Grassman法則和Mckinnon假說都指明了產品結構和產業特徵對結算貨幣選擇具有重要影響。Bacchetta和Wincoop（2002）、Goldberg和Tille（2008）運用數理模型和實證分析方法，論證了出口產品差異程度、宏觀經濟波動和行業特徵是影響結算貨幣選擇的重要原因，且高需求彈性行業的生產者在結算貨幣選擇上表現出明顯的「羊群」特徵，此時行業特徵對出口商結算貨幣選擇的影響比宏觀經濟特徵更大。

中國學者也對中國進出口結構與跨境貿易人民幣結算的關係進行了實證研究。刁雲濤等（2010）發現，在一般貿易中，對人民幣結算需求強烈的企業占比達到46.9%，但在貿易談判時，能夠成功說服交易對手採用人民幣作為結算貨幣的只占3.1%，而貿易洽談時選擇由交易對手確定何種結算幣種的企業占比達到28.1%；出口業務對人民幣結算的需求占87.5%，高於進口業務的38.8%，但進口業務的主動權高於出口業務。中資類企業對人民幣結算的需求占比56%，高於外資類企業的32.4%。真正支持跨境貿易選擇人民幣作為結算幣種的主要是中資跨境類企業，境外企業選擇人民幣結算往往帶有博取人民幣升值收益的潛在前提。

從現實需求次序上劃分，願意在跨境貿易中將人民幣作為結算幣種的企業依次是：具有定價能力的境內進出口企業；預期人民幣升值的境外出口企業；非國際貨幣發行國的境外企業；總部在境內，分部在境外的外資企業；總部在境外，分部在境內的外資企業（刁雲濤等，2010）。陶為群等（2012）運用二元變量選擇Probit模型實證研究江蘇省出口企業以人民幣結算的意願，他們的實證研究結論也認為企業類型是出口以人民幣結算的重要原因，但在需求次序上與刁雲濤等（2010）稍有不同，陶為群等（2012）認為，跨國公司關聯企業、出口加工型企業出口更傾向於使用人民幣結算。

上述國內外學者的研究成果為我們進一步探索中國對外貿易匯率敏感性與跨境貿易結算幣種選擇關係提供了很好的借鑑和啟示。利用這些研究結論，結合本章前三節的數據分析，可以初步得到以下結論：

（1）改革開放以來，中國出口商品結構實際技術水平並無顯著提高，出口增長依然主要依靠勞動力要素報酬增值，出口商品對匯率高度敏感，這不利於中國出口企業在人民幣結算談

判中獲得主動權；進口商品結構多以資源型和密集型產品為主，由於中國缺乏對重要大宗商品的定價權，美元在這些商品交易市場上已經形成慣性，這些因素也不利於中國進口貿易以人民幣結算，不過相對來說，進口商比出口商仍然具有更大的主動權，這也是造成中國當前跨境貿易人民幣結算收付失衡的主要原因。

（2）從貿易方式上看，一方面，中國加工貿易占比過高，匯率敏感性強，不利於中國加工貿易企業爭取人民幣結算；另一方面，一般貿易的商品分類結構也使中國一般貿易企業在爭取人民幣結算談判中處於不利地位，這也進一步解釋了刁雲濤等（2010）的發現：在一般貿易中，對人民幣結算需求強烈的企業占比達到46.9%，但在貿易談判時，能夠成功說服交易對手採用人民幣作為結算貨幣的只占3.1%，而貿易洽談時選擇主要由交易對手確定結算幣種的企業占比卻達到28.1%。

（3）在中國對外貿易企業性質與跨境貿易人民幣結算選擇的關係研究上，中國學者刁雲濤等（2010）和國家外匯管理局陝西省分局文組（2006）、陶為群等（2012）的研究結論不太一致。筆者認為，外資企業往往具有更為科學的財務管理體系，在客觀上也存在同時持有一定比例東道國貨幣和本土貨幣的多元化需求，資金頻繁跨境流動也使它們具有更強的匯率風險管理意識，且外資企業也和內資企業保持著密切的商業往來，因此外資企業比內資企業更傾向於使用人民幣結算。

8 跨境貿易人民幣結算的匯率製度選擇

8.1 匯率製度分類及其選擇影響因素

8.1.1 匯率製度分類

匯率製度是一國政府或貨幣當局對匯率決定和調節的一系列安排和規定。其內容主要包括：第一，確定合理匯率水平的依據；第二，匯率波動的界限；第三，維持匯率水平所採取的措施；第四，必要時對匯率水平做出調整的手段和途徑。匯率變動在很大程度上受制於匯率製度安排，對於開放型經濟而言，如果匯率製度安排不當，匯率不但難以有效發揮經濟槓桿作用，甚至可能誤導經濟走向，引致難以逆轉的經濟災難。因此，一國選擇適合本國在特定發展時期內的匯率製度，是一項重要的經濟政策。

在研究與匯率製度相關的問題之前，首先必須明確匯率製度的類型。匯率製度類型可分為法定（de jure）分類法和事實（de facto）分類法兩大類。前者是各成員根據IMF劃分的8種匯率製度分類，向IMF宣稱的匯率製度類型；後者是各學者基於

許多成員國實行的匯率製度和申報的製度不一致的客觀事實，為了彌補 IMF 組織「兩分法」統計的缺陷，綜合運用各種信息判斷出各國事實上實行的匯率製度類型。

1999 年，IMF 修改和調整了其對匯率製度的分類方法：一方面，IMF 在原有基礎上進一步細分了匯率製度的類型；另一方面，IMF 不再僅依賴各國政府宣布的匯率政策，而是更加注意考評各國真實的政策意圖，同時對雙邊名義匯率和外匯儲備情況進行評估。表 8-1 為 1999 年至今 IMF 對匯率製度的分類和基本特徵。

表 8-1　1999 年以來 IMF 對匯率制度的分類及其基本特徵

序號	匯率制度類型	基本特徵
1	無單獨法定貨幣的匯率安排	以另一國貨幣作為唯一法定貨幣，或屬於某個貨幣聯盟。貨幣當局完全放棄對國內貨幣政策的控制。
2	貨幣局製度	發行本幣須以外匯為保障，並完全以國外資產為後盾。央行的傳統職能不復存在。
3	其他傳統的固定安排	匯率至少在 3 個月內可以圍繞中心匯率在±1%的範圍內波動，央行通過干預手段維持這一波動範圍。
4	水平波幅內的釘住匯率	匯率維持在中心匯率附近大於±1%的一定波幅之內。央行貨幣政策在一定限度內具有自主性。
5	爬行釘住	匯率定期按固定幅度做小幅調整，或根據一些量化指標的變化進行調整。
6	爬行波幅內的匯率安排	匯率維持在中心匯率附近至少±1%的一定波幅之內，並且中心匯率或波幅按固定幅度調整。匯率的靈活程度、貨幣政策獨立性是波幅寬度的函數。

8　跨境貿易人民幣結算的匯率製度選擇

表8-1(續)

序號	匯率制度類型	基本特徵
7	無事先確定的匯率路徑的管理浮動	貨幣當局試圖在美元明確的匯率路徑或目標情況下影響匯率，管理匯率依據的指標基本上是判斷性的，而且調整不一定是自動的。
8	獨立浮動	匯率由市場決定，任何官方外匯市場干預都旨在緩和匯率過度波動，而不是為了決定匯率水平。

資料來源：IMF. Annual Report on Exchange Rate Arrangement and Exchange Restrictions [R]. September 17, 1999.

Fischer（2001）進一步將表8-1中的8種匯率製度類型歸納為三組：①「硬」的釘住制，包括無單獨法定貨幣的匯率安排和貨幣局製度；②中間匯率製度，包括其他傳統的固定安排、水平波幅內的釘住匯率、爬行釘住和爬行波幅內的匯率安排；③浮動匯率製度，包括無事先確定的匯率路徑的管理浮動和獨立浮動。

由於匯率製度名義分類法的基本依據是「成員國報告的匯率製度」，不少成員國實際的匯率製度背離了其報告的匯率製度，許多經濟學家認為應該將「聽其言」和「觀其行」結合起來，在正確區分事實匯率製度的前提下，研究相關問題。

Ghosh 等（1997）運用 $z = \sqrt{u_{\Delta e}^2 + \sigma_{\Delta e}^2}$ 判斷各國的實際匯率製度安排，其中 $u_{\Delta e}$ 和 $\sigma_{\Delta e}^2$ 分別是指一年中名義匯率月度變化的平均值和方差。z 的值越大，越傾向於指向浮動匯率製度；z 的值越小，越傾向於指向固定匯率製度；z 的值居中，越傾向於指向中間匯率製度。

Reinhart 和 Rogoff（2002）提出自然分類法。他們建立的有關平行市場、雙重匯率體系的數據庫信息來源非常廣泛，但是官方的統計數據也是他們數據信息的一個重要來源，其實他們

提出的自然分類法和 1999 年以後 IMF 的分類方法在本質上是一致的：綜合利用多項信息。所不同的是，IMF 注重官方匯率數據，對其他數據的分析則更多地進行定性分析，依賴分類者的經驗和判斷；自然分類法則借助於統計和概論定量分析。這一分類方法又稱為 RR 分類法。

　　Levy-Yeyati 和 Sturzenegger（2000）根據匯率波動率、匯率變動的標準差和外匯儲備波動率這三個宏觀經濟變量，分別以一年中名義匯率平均月度絕對變動百分比、匯率月度變動率標準差和國際儲備相對於前一個月的貨幣基礎平均變動率計算，將匯率製度分為 4 類：浮動匯率制、中間匯率制、固定匯率制和其他匯率制。這一分類方法又稱為 LYS 分類法。

　　從以上分析可以看出，匯率製度的實際分類法儘管可以較為準確地衡量一國的匯率製度，但是由於數據的缺乏和不確定因素的影響，把理論上的實際分類法應用於實踐當中，誤差可能會比較大。匯率製度實際分類法的意義更多地體現在理論層面上。匯率製度法定分類法畢竟是由權威部門發布的，並且在 1999 年更注意考核各國真實的政策意圖，不斷接近成員國實際的匯率製度分類。所以，筆者仍然選擇國際貨幣基金組織的法定匯率製度分類法作為匯率製度分析的前提。

8.1.2　匯率製度選擇的影響因素

　　影響匯率製度選擇的因素錯綜複雜，這些因素既包括經濟層面上的，也包括政治甚至是軍事上的考量。不過一般而言，經濟因素為決定匯率製度選擇的主導性力量，解釋匯率製度選擇影響因素的理論主要包括最優貨幣區理論、真實和名義經濟衝擊、匯率錨理論、不可能三角理論和貨幣錯配問題（Levy Yeyati 等，2002）。表 8-2 為最優貨幣區理論框架下影響匯率製度選擇的具體經濟因素。

表 8-2　　　　　影響匯率制度選擇的經濟因素

經濟因素	對匯率制度選擇的影響
經濟規模	經濟規模越大，越傾向於採取浮動匯率制度
開放程度	經濟開放度越高，越傾向於採取固定匯率制度
出口產品多元化	出口產品多元化程度越高，越傾向於浮動匯率制度
貿易地理集中度	與一國對外貿易比重越大，釘住該國貨幣的動機越強
通貨膨脹差異	一國通脹與主要夥伴的差距越大，越需要經常進行匯率調整
經濟發展程度	經濟發展程度越高，實行浮動匯率制越有利
勞動力流動性	勞動力流動性越大，固定匯率制更有利於減少外部衝擊的調節成本
資本流動性	資本流動性越大，越難維持釘住匯率制
國外名義貨幣波動	國外名義貨幣波動越頻繁，越應採取浮動匯率制
國內名義貨幣波動	國內名義貨幣波動越頻繁，越應採取固定匯率制
實際部門的波動	經濟對實際部門的波動越敏感，越應該採取浮動匯率制
決策者的公信力	決策者抑制通貨膨脹的可信度越低，將固定匯率作為名義基準目標就越有吸引力

資料來源：李婧. 中國資本帳戶自由化與匯率制度選擇 [M]. 北京：中國經濟出版社，2006：21-22.

然而，根據表 8-2 的最優貨幣區標準仍然很難最終決定一國的匯率製度選擇，因為一國往往同時具備了採取浮動匯率或固定

匯率的部分條件，而缺少了其他的某些條件。一些學者主張根據不同匯率製度對經濟績效的影響來選擇匯率製度。Baxter（1989）開創了實證研究匯率製度與經濟績效關係的先河。此後，大量學者不斷對此問題展開研究，其中具有代表性的文獻包括Ghosh等（1997，2003）、Levy-Yeyati和Sturznegger（2000，2001）、Reinhart-Rogoff（2002）等。

　　Baxter（1989）在其著名的《商業週期和匯率製度》一文中，以49個國家和地區作為樣本，運用統計學分析原理考察了1944—1986年，不同匯率製度與宏觀經濟變量（產出、消費、對外貿易、政府支出、真實匯率）的關係。Baxter（1989）對匯率製度的劃分比較粗糙：1973年布雷頓森林體系解體之前為固定匯率制；1973—1986年以各國向IMF宣稱的匯率製度為準。據此將這49個樣本國家分為四組：14個國家在整個樣本期間都實行釘住美元的匯率製度；17個國家在整個樣本期間都實行浮動匯率製度；7個國家是歐洲貨幣體系成員；11個國家實行其他匯率製度或數次改變其匯率製度。Baxter（1989）首先分析了布雷頓森林體系崩潰前後的經濟週期因素，然後又對1973—1986年不同匯率製度下的經濟週期因素進行統計分析。結果顯示，匯率與產出、消費等宏觀經濟變量之間沒有關係。

　　Ghosh等（1997）實證考察了1960—1990年136個國家和地區匯率製度和經濟績效的關係。相較於Baxter（1989）的研究，Ghosh等（1997）做了兩點改進：第一，在對匯率製度的分類方法上，他們按照樣本國（地區）實行的實際匯率製度進行詳細分類，而非僅僅依賴其所宣稱的匯率製度；第二，不僅考察了匯率製度對宏觀經濟變量的影響，也考慮了宏觀經濟變量對匯率製度的影響，即探討了匯率製度選擇的內生性問題。他們主要得到以下研究結論：第一，實行釘住匯率製度的國家和地區具有更低的通貨膨脹率，且物價更為穩定，但是這些國家

和地區的產出和就業波動性較大；第二，實行貨幣局和自由浮動匯率的國際和地區在經濟增長方面優於軟釘住國家和地區，不過不同匯率製度對人均經濟增長率的影響不大。

Levy-Yeyati 和 Sturznegger（2000，2001）使用 1974—1999 年 154 個國家和地區的數據，分別按照法定分類法和他們提出的 LYS 實際分類法，實證檢驗匯率製度與通貨膨脹和真實單位資本增長的關係。他們的實證結果表明，釘住匯率制對通貨膨脹的鎖定效果最為明顯，浮動匯率制次之，中間匯率制下的通貨膨脹率最高；浮動匯率制對真實單位資本增長的促進作用最大，釘住匯率制次之，中間匯率制則位居最後。他們的研究結論似乎是對「中間匯率消失論」的支持。

Reinhart-Rogoff（2002）以 1970—1999 年 158 個國家和地區作為樣本對象，根據經濟發展水平和資本流動程度將這些樣本地區分為發展中經濟體、新興經濟體和發達經濟體，並對樣本經濟體提出實際匯率製度的 RR 分類法，實證研究在不同經濟發展程度國家中匯率製度和經濟績效的關係。他們的研究結論如表 8-3 所示。

表 8-3　　不同經濟發展程度國家匯率制度與宏觀經濟績效的關係

	匯率制度與通貨膨脹	匯率制度與經濟增長	匯率制度與經濟波動
發展中國家	釘住匯率制下通貨膨脹績效較好	釘住匯率制下經濟增長並不低，隨著浮動程度提高，增長降低	無顯著相關性
轉型經濟體	沒有顯著聯繫，隨著匯率彈性提高，通貨膨脹提高	關係不明確；中間匯率制度增長最高	彈性大波動大
發達國家	浮動匯率制下的通脹不比釘住匯率制差	自由浮動匯率具有較高的經濟增長率	浮動匯率制度下波動較大

除了上述研究之外，許多學者通過調整研究方法、研究對象、樣本期間或修正匯率製度分類等改進措施，實證研究匯率製度與經濟績效的關係，然而研究結論差異較大。比如，Bailliu等（2001）以1973—1998年25個新興經濟體為研究樣本，研究認為對於準備放開國際資本流動的國家而言，更具彈性的匯率安排將獲得更高的經濟增長率，不過他們進一步指出一個強大的貨幣政策目標框架比匯率製度更有利於經濟增長；不過所得結論大體支持這一觀點：隨著經濟的發展，一方面，釘住和中間匯率製度的通脹績效在逐漸弱化，另一方面，與浮動匯率製度有關的風險在逐漸降低，所以，從經濟績效的角度來看，經濟越發達的國家，越適合選擇富有彈性的匯率製度。

中國學者在研究人民幣匯率製度選擇問題時，常常以蒙代爾－弗萊明的「不可能三角」理論作為分析依據，對此，孫華好（2004）分析認為，只要是開放經濟，就會有缺失貨幣政策獨立性的「開放經濟兩難選擇」，所以貨幣政策獨立性不能作為匯率製度選擇的參照標準。匯率製度選擇是一種長期經濟政策，不能依據短期的政策表現進行取捨，而應該考慮在相當長的歷史時期中，實行哪種匯率製度更有利於經濟的持續增長。白雪飛、田墨、馬暢（2009）運用Probit模型，考察中國政府在1992—2008年匯率選擇行為的影響因素，他們研究認為，當中國政府面臨產出性衝擊和貿易收支迅速增長時，傾向於採用更為靈活的匯率安排，平抑價格的過度波動和貿易夥伴的政治壓力；當中國政府偏重經濟增長時，考慮到國際貿易在經濟中的重要地位，相對穩定的匯率製度更受青睞。人民幣匯率製度選擇首先應建立在中國宏觀經濟現實的基礎之上。

8.2　匯率製度與跨境貿易結算製度的關係

　　PTM 模型可以從微觀層面解釋匯率製度與跨境貿易結算製度的關係。PTM（pricing to market），即依市定價，最初由 Krugman（1986）提出，是指當國際市場存在分割時，出口商可以根據進口地的不同而制定不同的出口價格。PTM 模型的基本假設是，國內外市場存在分割，壟斷競爭廠商可在國內外市場對其生產產品實施價格歧視策略。

　　在 PTM 模型中，出口商為了保持在進口方市場的份額，而適當犧牲利潤，因此在面臨進口方貨幣貶值時，出口商降低以本幣表示的出口價格，以使得出口品以進口方貨幣表示的價格不變或微小變動，從而匯率變動無法產生支出轉換效應。在生產者貨幣定價模型中（PCP），依市定價模型對匯率製度選擇具有以下三點啟示：

　　第一，在 PCP 下，出口方貨幣應實行彈性匯率制。彈性匯率制最關鍵的作用是充分實現支出轉換，也就是說，當出口方經濟遭到實際衝擊時，彈性名義匯率可以及時調整出口商品在國家間的相對價格，從而很好地發揮價格機制的資源配置作用。根據 PCP 原則，當國內價格具有粘性時，擴張性貨幣政策導致本幣貶值可以適當降低本國出口品的外幣價格，並提高進口品的本幣價格，從而達到支出轉換的目的，提高本國經濟福利。

　　第二，最優貨幣政策應該是能允許匯率對實際勞動生產率相對變動做出及時反應，以實現工資的自由調整的政策。但是，由於市場不完全競爭，因此最優的貨幣政策只能是有限的帕累托最優。

　　第三，支持匯率浮動的最優貨幣政策可以完全自主實現，

不需要國家之間進行政策協調。Obstfeld 和 Rogoff（2000）比較分析後認為，最優浮動匯率製度好於最優固定匯率製度，最優固定匯率製度好於世界貨幣主義。

但是，在現實經濟生活中，出口商以消費地貨幣為其產品定價，即 LCP。在這種情況下，本國企業在國內市場出售產品時以本幣定價，而對出口到國外的產品則以當地貨幣定價，此時匯率變動對國內價格變化的傳導系數為 0，匯率完全失去支出轉換作用。在 LCP 原則下，浮動匯率不再能實現最優的相對價格調整，Devereux 和 Rogoff（2001）進一步研究指出，LCP 下最優的匯率安排是固定匯率制。

LCP 和 PCP 定價原則對最優匯率政策的結論之所以迥異，是因為兩種定價原則下匯率傳遞的效率不同。LCP 原則下匯率傳遞低效體現為兩方面：其一，產品國內外相對價格的變動沒有反應出實際經濟衝擊，因而無法有效發揮資源配置作用；其二，由於購買力平價假設往往不能成立，因此資產市場參與者無法共擔匯率風險。此時，貨幣當局更傾向於保持匯率固定，以確定出口產品的國內相對價格，從而使購買力平價能夠成立，有利於資本市場共擔風險。

8.3　跨境貿易人民幣結算的匯率製度選擇

1949 年以來，中國先後經歷了頻繁調整的釘住美元匯率製度（1949—1952 年）、基本保持固定的釘住美元匯率製度（1953—1972 年）、釘住一籃子貨幣的匯率製度（1973—1980 年）、官方匯率與貿易結算匯率並存的雙重匯率製度（1981—1984 年）、官方匯率與外匯調劑匯率並存的雙重匯率製度（1985—1993 年）、單一的釘住美元的匯率製度（1994—2004

年）和以市場供求為基礎、參考一籃子貨幣進行調節、有管理的浮動匯率製度（2005年至今）。

按照1999年IMF新的匯率製度分類，中國屬於釘住單一貨幣的固定釘住制；2012年IMF將人民幣匯率製度劃歸到「類似爬行匯率安排（Crawl-like arrangement）」。直到東亞金融危機前，中國的匯率政策是以實際目標為導向的（張志超，2000），中國的匯率目標是促進出口和獲得外匯。東亞金融危機期間和危機後，中國的匯率製度選擇已經由實際目標方法轉向名義錨的匯率製度（李婧，2002）。

近年來，人民幣出現了較大幅度的升值，與此同時，跨境貿易人民幣結算也急速上升。於是國內外一些學者認為，持續的升值預期是推動人民幣跨境結算甚至是人民幣擴大國際使用的必要條件或者至少是有利條件（羅忠洲、徐淑堂，2012；王瓊、張悠，2013），進而對人民幣匯率穩定政策持批評態度。在推動人民幣成為跨境結算貨幣的過程中，人民幣一定要單向、持續地升值嗎？換言之，離開人民幣升值的市場預期，人民幣跨境結算進程是否就會停滯或者倒退？

第六章研究指出，當前人民幣升值是內在驅動力和外在驅動力共同作用的結果，內在驅動力主要表現為中國可貿易部門獲得「相對相對增長」，帶動人民幣境外持有需求的持續增強；外在驅動力則表現為投資熱錢湧入、政治壓力、美元量化寬鬆政策等。人民幣長期單邊升值對跨境貿易人民幣結算而言是一把雙刃劍。一方面，人民幣長期單邊升值擴大了境外使用人民幣的結算需求和儲備需求，使得人民幣日益成為「熱門貨幣」；另一方面，人民幣能否最終成為雙邊貿易的計價結算貨幣，關鍵依賴於人民幣幣值的穩定和合理的波動區間，從而進一步提高人民幣持有者的國際收支結算和金融風險防範能力。經濟發展具有週期性，這一客觀規律決定了由經濟基本面決定的匯率

必然也具有波動性，如果人民幣在長期升值預期推動下達到合理價位或心理極限，造成人民幣升值預期突然結束，必然出現嚴重的人民幣匯率波動，境外投資者所持人民幣的儲備價值得不到保證，在國際收支結算中的損失亦難以估量。各國基於上述經濟利益考量之後，人民幣升值誘發的需求則不再具備優勢，一旦這些國家集中拋售人民幣，肯定會給中國帶來難以估量的風險。

推動人民幣匯率製度改革，是推動跨境貿易人民幣結算業務健康發展的核心所在（黃繼承，2009；張大龍，2011）。從長期來看，人民幣幣值在均衡水平保持長期穩定，人民幣打破升值預期才是最為理想的狀況，這有利於貿易便利和投資便利的實現，也有利於人民幣信譽和需求水平的實質性提高。事實上，由於完全彈性下的均衡匯率水平才是外匯市場上貨幣供求的內在反應，因此，從價格發現的角度講，具有真實貨幣價值的人民幣才能滿足非居民的交易和投資需求。也正是基於此，人民幣匯率形成機制改革的成功與否將直接關係到人民幣國際化的成敗。

減少行政干預等市場擾動因素，增加匯率彈性是實現人民幣匯率長期穩定的關鍵。2005年匯率改革以來，中國匯率彈性逐漸增大，伴隨著2015年8月11日新一輪的匯率形成機制改革，人民幣的匯率彈性進一步增加。從人民幣在岸遠期匯率和離岸遠期匯率的關係上，我們不難看出，在人民幣匯率形成機制中，行政干預等非市場擾動因素正在逐漸消除。進入2009年特別是在2010年5月之後，人民幣在岸遠期匯率和離岸遠期匯率的變化趨勢逐漸趨於一致，呈現出協同變動的趨勢。由於離岸市場的市場化程度相對較高，因此，離岸匯率和在岸匯率的趨同在有效減少貨幣投機衝擊的同時，也在一定程度上反應了在岸市場非市場擾動因素的逐漸弱化。隨著「滬港通」「深港

通」的啓動，在岸人民幣市場和離岸人民幣市場的互聯互通機制更加完善，這有利於推動人民幣匯率的市場化進程。市場扭曲因素的減少在促進人民幣匯率向均衡水平進行調整的同時，也為人民幣國際化奠定了市場基礎。香港人民幣美元即期匯率定盤價的推出，成為人民幣匯率形成機制進一步完善的重要標誌。

　　市場化的人民幣幣值隨供求波動最終會趨於均衡價位，而這個均衡價位很有可能高於現階段的人民幣幣值。人民幣幣值向該市場均衡價格靠攏或收斂，可緩衝資本流動的衝擊，促進跨境貿易和投資，緩解通脹預期。人民幣最終成為強勢貨幣，必然導致市場對人民幣國際化的願望強烈上升，使得人民幣成為國際儲備貨幣的可能性增大。一旦人民幣國際化達到了一定程度，或成為國際儲備貨幣，國際貨幣格局將發生重大變化。長期內實現幣值穩定，達到均衡水平是人民幣國際化的發展要求和保證。

參考文獻

中文參考文獻

(一) 期刊類文獻

[1] 巴曙鬆,吳博,朱元倩. 關於實際有效匯率計算方法的比較與評述——兼論對人民幣實際有效匯率指數的構建 [J]. 管理世界,2007 (5).

[2] 白雪飛,田墨,馬暢. 匯率製度選擇和宏觀經濟績效 [J]. 世界經濟研究,2009 (7).

[3] 曹偉,周俊仰. 修正的巴拉薩-薩繆爾森效應:理論及中國的實證 [J]. 對外經濟貿易大學學報,2011 (3).

[4] 陳紅泉. 擴大跨境貿易人民幣結算:意義、問題與對策 [J]. 深圳大學學報:人文社會科學版,2011 (1).

[5] 陳學彬,王培康,龐燕敏. 復旦人民幣匯率指數的開發和應用研究 [J]. 復旦學報:社會科學版,2011 (2).

[6] 仇榮國,陳思賢. 基於後金融危機時代跨境貿易人民幣結算問題的研究 [J]. 對外經貿,2012 (9).

[7] 崔正強. 日元匯率走勢及其影響 [J]. 經濟研究參考,2008 (15).

[8] 戴翔, 張二震. 中國出口技術複雜度真的趕上發達國家了嗎 [J]. 國際貿易問題, 2011 (7).

[9] 刁雲濤, 平曉東, 翁洪服. 跨境貿易人民幣結算需求研究: 需求意願、貨幣替代及人民幣離岸市場發展 [J]. 金融發展研究, 2010 (8).

[10] 董有德, 王開. 國際貿易結算幣種的選擇——實證分析及對中國的啟示 [J]. 世界經濟研究, 2010 (10).

[11] 多米尼克·索爾韋托瑞. 歐元美元匯率挑戰預期 [J]. 上海金融學院學報, 2006 (5).

[12] 範躍進, 王帥. G-3匯率波動對中國內外資企業出口影響的比較 [J]. 東岳論叢, 2009 (12).

[13] 高海紅, 余永定. 人民幣國際化的含義與條件 [J]. 國際經濟評論, 2010 (1).

[14] 谷安平, 史代敏. 面板數據單位根檢驗LLC方法與IPS方法比較研究 [J]. 數理統計與管理, 2010 (9).

[15] 關志雄. 日元貶值對亞洲經濟及日本經濟的影響 [J]. 國際經濟評論, 2002 (1-2).

[16] 國家外匯管理局陝西省分局課題組. 對陝西省涉外企業匯率風險管理狀況的調查 [J]. 西安金融, 2006 (9).

[17] 韓嘉瑩, 沈悅. 二元經濟條件下巴拉薩-薩繆爾森效應分析 [J]. 上海金融, 2012 (10).

[18] 何帆, 張斌, 張明, 等. 香港離岸人民幣金融市場的現狀、前景、問題與風險 [J]. 國際經濟評論, 2011 (3).

[19] 何深思. 對歐元上市的深層思考 [J]. 中國特色社會主義研究, 2002 (1).

[20] 宏觀經濟研究院外經所課題組. 人民幣國際化進展及相關改革建議 [J]. 宏觀經濟管理, 2013 (7).

[21] 黃繼承. 關於跨境貿易人民幣結算試點對外匯管理政

策影響的研究［J］．中國貨幣市場，2009（10）．

［22］惠曉峰，柳鴻生，胡偉，等．基於時間序列 GARCH 模型的人民幣匯率預測［J］．金融研究，2003（5）．

［23］金國基．從英國國際收支的惡化看英鎊危機［J］．經濟研究，1965（10）．

［24］金莉，黃芳泉．美元作為國際結算貨幣職能的變化及中國的對策［J］．對外經貿實務，1995（12）．

［25］金容年．在浮動匯率下，怎樣選用計價結算的貨幣？［J］．國際貿易問題，1997（10）．

［26］金資．什麼是英鎊區［J］．中國金融，1965（13）．

［27］李丹兒．人民幣計價結算：新匯制下的可行方案［J］．外匯管理，2005（12）．

［28］李富有．國際本位幣變化特徵與發展前景探析［J］．當代經濟科學，1997（5）．

［29］李婧．從跨境貿易人民幣結算看人民幣國際化戰略［J］．世界經濟研究，2011（2）．

［30］李婧．人民幣匯率製度選擇：文獻綜述［J］．世界經濟，2002（3）．

［31］李未無，李瑞恒．「巴拉薩－薩繆爾森效應」：評述及拓展［J］．廣東外語外貿大學學報，2009（5）．

［32］李曉．日元國際化的困境及其戰略調整［J］．世界經濟，2005（6）．

［33］李亞新，余明．關於人民幣實際有效匯率的測算與應用研究［J］．國際金融研究，2002（10）．

［34］李豔豐．跨境貿易人民幣結算失衡問題研究［J］．經濟與管理，2011（10）．

［35］林毅夫．關於人民幣匯率問題的思考與政策建議［J］．世界經濟，2007（3）．

[36] 劉昌黎. 日元國際化的發展及其政策課題 [J]. 世界經濟研究, 2002 (4).

[37] 劉旗. 基於中國進出口產品結構的人民幣跨境結算失衡分析 [J]. 當代經濟管理, 2011 (11).

[38] 劉志彪, 張杰. 中國本土制造業企業出口決定因素的實證分析 [J]. 經濟研究, 2009 (8).

[39] 柳放. 英鎊的危機 [J]. 中國金融, 1965 (13).

[40] 盧鋒. 人民幣實際匯率之謎 (1979—2005) [J]. 經濟學, 2006 (4).

[41] 陸純康. 利用外資、引進技術, 必須增強出口創匯能力 [J]. 經濟管理, 1986 (10).

[42] 呂風勇. 人民幣實際有效匯率指數的測算和分析 [J]. 河北經貿大學學報, 2005 (2).

[43] 呂光明. 對數據平穩性檢驗方法的比較研究 [J]. 財經問題研究, 2004 (6).

[44] 呂延方, 陳磊. 面板單位根檢驗方法及穩定性的探討 [J]. 數學的實踐與認識, 2010 (11).

[45] 羅忠洲, 徐淑堂. 本幣升值、出口競爭力和跨境貿易計價貨幣選擇 [J]. 世界經濟研究, 2012 (1).

[46] 馬君潞, 呂劍. 巴拉薩-薩繆爾森效應假說: 研究進展及其啟示 [J]. 經濟評論, 2008 (4).

[47] 馬文秀. 日元貶值與金融危機 [J]. 現代日本經濟, 1999 (4).

[48] 梅新育. 穩步推行人民幣計價結算 [J]. 中國金融, 2006 (5).

[49] 潘雪陽. 巴拉薩-薩繆爾森效應在中國的實踐 [J]. 理論研究, 2012 (11).

[50] 錢孝喻. 擴大對外開放 抓好出口創匯 [J]. 金融與經

濟，1989（1）．

［51］施炳展，李坤望．中國靠什麼實現了對美國出口的迅速增長——基於產品廣度產品價格和產品數量的分解［J］．財貿經濟，2009（4）．

［52］宋玉臣．均值回顧理論和數量分析方法研究最新進展［J］．管理科學與統計決策，2005（1）．

［53］蘇桂富，趙永亮，姚又文．央行干預效應之日本證據：1991—2004［J］．上海金融，2008（2）．

［54］孫華妤．「不可能三角」不能作為中國匯率製度選擇的依據［J］．國際金融研究，2004（8）．

［55］唐旭，錢士春．相對勞動生產率變動對人民幣實際匯率的影響分析［J］．金融研究，2007（5）．

［56］唐雅暉．歐元匯率波動狀況與原因分析［J］．當代經濟研究，2001（11）．

［57］陶為群，曹清，束斌．人民幣計價出口決定要因的研究——基於江蘇的實證分析［J］．金融發展評論，2012（11）．

［58］汪洋．跨境貿易以人民幣結算：路徑選擇與風險［J］．國際經濟評論，2011（2）．

［59］王蒼峰，岳咬興．人民幣實際匯率與中國兩部門生產率差異的關係［J］．財經研究，2006（8）．

［60］王凱，龐震．經濟增長對實際匯率的影響：基於巴拉薩—薩繆爾森效應的分析［J］．金融發展研究，2013（2）．

［61］王瓊，張悠．跨境貿易人民幣結算影響因素的經驗分析——基於國際計價結算貨幣選擇的視角［J］．財經問題研究，2013（7）．

［62］王盛恩．跨境貿易人民幣結算與中國對外貿易發展探討［J］．發展研究，2010（7）．

［63］王維．相對勞動生產力對人民幣實際匯率的影響

[J]. 國際金融研究, 2003 (8).

[64] 王霞. 基於事件分析的日本央行外匯干預有效性研究 [J]. 現代日本經濟, 2013 (5).

[65] 王允貴.「廣場協議」對日本經濟的影響及啟示 [J]. 國際經濟評論, 2004 (1-2).

[66] 相重光. 發展橫向經濟聯繫, 增強出口創匯能力 [J]. 世界經濟研究, 1986 (5).

[67] 肖鷂飛, 肖婧瑩. 跨境貿易人民幣結算問題研究——基於國際貿易結算貨幣選擇理論的視角 [J]. 廣東金融學院學報, 2012 (9).

[68] 徐煒, 黃炎龍. GARCH 模型與 VaR 的度量研究 [J]. 數量經濟技術經濟研究, 2008 (1).

[69] 晏玲菊. 跨境貿易人民幣結算的經濟分析 [J]. 金融與經濟, 2009 (10).

[70] 楊長江, 皇甫秉超. 人民幣實際匯率和人口年齡結構 [J]. 金融研究, 2010 (2).

[72] 楊榮, 賀曉波. 日本央行干預外匯市場的實證研究 [J]. 亞太經濟, 2005 (3).

[73] 楊汝岱, 姚洋. 有限趕超與經濟增長 [J]. 經濟研究, 2008 (8).

[74] 楊汝岱, 朱詩娥. 中國對外貿易結構與競爭力研究: 1978—2006 [J]. 財貿經濟, 2008 (2).

[75] 楊偉國. 歐元的性質與歐元匯率 [J]. 世界經濟, 2001 (8).

[76] 姚鵬, 正惠. 中國同東盟跨境貿易人民幣結算的經濟基礎及其效益研究 [J]. 經濟體制改革, 2011 (4).

[77] 弋輝. 激勵出口創匯是深化外貿體制改革的重要目標 [J]. 經濟管理, 1994 (4).

[78] 易憲容.「安倍經濟學」效果及影響的理論分析［J］. 國際金融研究, 2013 (6).

[79] 殷劍峰. 人民幣國際化：「貿易結算+離岸市場」, 還是「資本輸出+跨國企業」?——以日元國際化的教訓為例［J］. 國際經濟評論, 2011 (4).

[80] 俞萌. 人民幣匯率的巴拉薩-薩繆爾森效應分析［J］. 世界經濟, 2001 (5).

[81] 曾錚, 陳開軍. 人民幣實際有效匯率波動與中國地區經濟增長差異［J］. 數量經濟技術經濟研究, 2006 (12).

[82] 張斌. 人民幣匯率重估與匯率製度改革——基於均衡匯率理論的視角［J］. 管理世界, 2004 (3).

[83] 張大龍. 中國跨境貿易人民幣結算業務發展研究［J］. 金融會計, 2011 (1).

[84] 張國慶, 劉駿民. 日元國際化：歷史、教訓與啟示［J］. 上海金融, 2009 (8).

[85] 張明, 何帆. 人民幣國際化進程中在岸離岸套利現象研究［J］. 國際金融研究, 2012 (10).

[86] 張延良, 木澤姆. 非洲法郎區的演進及運行機制［J］. 西亞非洲, 2003 (2).

[87] 張義龍. 歐元啓動對日元國際化的影響［J］. 日本學論壇, 1999 (2).

[88] 張宇賢. 技術引進與進口替代、出口創匯相結合［J］. 國際經濟合作, 1991 (8).

[89] 趙越. 對跨境貿易人民幣結算運行機制的思考［J］. 雲南財經大學學報, 2010 (2).

[90] 支華. 人民幣國際化的微觀基礎——國有大中型企業參與跨境貿易人民幣結算的視角［J］. 浙江金融, 2013 (9).

[91] 中國人民銀行泉州市中心支行課題組. 構建順暢可控

的境外人民幣回流機制 [J]. 上海金融, 2011 (8).

[92] 周先平, 李標, 冀志斌. 人民幣計價結算背景下匯率製度選擇研究——基於匯率變動時變傳遞效應的視角 [J]. 國際金融研究, 2013 (3).

[93] 陳建, 蔡伊鴿.「新匯改」後人民幣匯率走勢分析及其對人民幣國際化的影響 [J]. 中國物價, 2016 (2).

[94] 張志敏, 周工. 跨境貿易人民幣結算對人民幣匯率預期的影響 [J]. 宏觀經濟研究, 2016 (3).

[95] 沙文兵, 劉紅忠. 人民幣國際化、匯率波動與匯率預期 [J]. 國際金融研究, 2014 (8).

[96] 趙然. 匯率波動對貨幣國際化有顯著影響嗎？ [J]. 國際金融研究, 2012 (11).

[97] 袁宜. 貨幣國際化進程規律的分析 [J]. 武漢金融, 2002 (6).

[98] 王倩, 胡穎. 中國與中亞國家跨境貿易人民幣結算：潛力、阻礙與策略 [J]. 南方金融, 2015 (12).

[99] 潘大洋. 境外人民幣回流機制研究 [J]. 宏觀經濟研究, 2015 (3).

[100] 李長春. 跨境貿易結算收付比上升與人民幣匯率波動分析 [J]. 商業研究, 2014 (3).

[101] 董有德, 李曉靜.「一帶一路」與跨境貿易人民幣結算發展的地區差異——基於中國各省份面板數據的研究 [J]. 國際貿易問題, 2015 (11).

（二）著作類文獻

[1] 阿·爾·康南. 英鎊區 [M]. 北京：世界知識出版社, 1956.

[2] 本杰明·科亨. 貨幣地理學（中譯本）[M]. 成都：西

南財經大學出版社，1999.

［3］陳暉.日元國際化的經驗與教訓［M］.北京：社會科學文獻出版社，2011.

［4］菊地悠二.日元國際化——進程與展望［M］.北京：中國人民大學出版社，2002.

［5］瀧田洋一.日美貨幣談判：內幕20年［M］.北京：清華大學出版社，2009.

［6］沈覺人.當代中國對外貿易（上）［M］.北京：當代中國出版社，1992.

［7］宋敏，屈宏斌，孫增元.走向全球第三大貨幣：人民幣國際化問題研究［M］.北京：北京大學出版社，2011.

［8］宋衛剛.貨幣區問題研究［M］.北京：中國財政經濟出版社，2009.

［9］孫東升.人民幣跨境流通的理論與實證分析［M］.北京：對外經濟貿易大學出版社，2008.

［10］王烈望.世界金融中心［M］.北京：中國對外經濟貿易出版社，1988.

［11］伍貽康.歐洲共同體與第三世界的經濟關係［M］.北京：經濟科學出版社，1989.

［12］修晶.貨幣國際化與國際貨幣競爭［M］.北京：中國社會科學出版社，2012.

［13］楊長江.人民幣實際匯率長期調整趨勢研究［M］.上海：上海財經大學出版社，2002.

［14］楊偉國.歐元生成論［M］.北京：社會科學文獻出版社，2002.

［15］約翰·肯尼斯·加爾布雷思.貨幣簡史［M］.上海：上海財經大學出版社，2010.

［16］趙德馨.中華人民共和國經濟專題大事記（1949—

1966）[M]．鄭州：河南人民出版社，1989．

[17] 鄭壽春．黑色變局，國際石油金融的交鋒 [M]．北京：石油工業出版社，2011．

[18] 中共黨史資料 [M]．北京：中共黨史出版社，1993．

[19] 中國銀行國際金融研究所．法國的貨幣與銀行 [M]．北京：中國財政經濟出版社，1981．

[20] 國家外匯管理局經常項目管理司．貨幣跨境流通及邊境貿易外匯管理問題研究 [M]．北京：中國財政經濟出版社，2005．

[21] 李東榮．人民幣跨境計價結算：問題與思路 [M]．北京：中國金融出版社，2009．

[22] 梅德平．跨境貿易人民幣計價結算問題研究：人民幣國際化視角 [M]．武漢：武漢大學出版社，2014．

（三）互聯網資料

[1] 中國人民銀行金融研究所．人民幣匯率形成機制改革進程回顧與展望 [R/OL]．2011-10-12．

[2] 李雋瓊．中國能源定價權被人為壓抑 話語權不如貿易小國 [N/OL]．中國經濟網，2006-5-26．

[3] 美國爭奪新能源定價權 搶占中國市場是首要目標 [N/OL]．時代周報，2010-5-28．

[4] 人民幣貿易結算比例 5～10 年或達日元歐元水平——香港金管局 [N/OL]．路透社，2014-2-18．

[5] 央行與 20 個國家地區簽署協議 貨幣互換規模達 22062 億元人民幣 [N/OL]．證券日報電子版，2013-8-2．

[6] 中國原油定價權缺失年損百億 無奈一買就漲一賣就跌 [N/OL]．中國經濟網，2012-8-27．

[7] 中國出口商開始減少在國際貿易結算中的歐元結算

[N/OL]. 中國經營網, 2010-6-7.

[8] 丁莉婭. 十年鑄一劍, 磨礪現鋒芒——回顧清邁倡議多邊化進程 [N/OL]. 中國財經報, 2009-6-9.

[9] 貿易結算量占進出口總額的比重不斷提高, 人民幣的跨境使用從貿易領域擴展到投融資領域 [N/OL]. 亞太經濟時報, 2012-10-1.

[10] 宋斌斌. 60 載滄桑巨變 改革開放成就世界貿易大國 [N/OL]. 中國工業新聞網, 2009-10-15.

[11] 劉愷. 俄羅斯啟動盧布對人民幣掛牌交易 [N/OL]. 新華網, 2010-12-15.

英文參考文獻

[1] Akhtar, M. & Hilton, R. S. Effects of Exchange Rate Uncertainty on German and U. S. Trade. Federal Reserve Bank of New York, Quarterly Review, 1984, Spring.

[2] Alberto Giovannini. Exchange Rates and Traded Goods Prices [J]. Journal of International Economics, 1988 (24).

[3] Alicia Garcia-Herrero and Tuuli Koivu. China's Exchange Rate Policy and Asian Trade. BIS Working Papers No 282, 2009.

[4] Andrews D.. Tests for Parameter Instability and Structural Change with Unknown Change Point [J]. Econometrica, 1993 (4).

[5] Annette Kamps. The Euro as Invoicing Currency in International Trade. Working Paper Series No. 665, August 2006.

[6] Bacchetta, P., van Wincoop, E., 2000. Does Exchange-rate Stability Increase Trade and Welfare?

[7] Bacchetta. P, Wincoop. E. A Theory of the Currency De-

nomination of International Trade, International Finance Discussion Papers 747, Board of Governors of the Federal Reserve System, 2002 (159).

[8] Bailliu, J., R. Lafrance, and J. F. Perrault. Exchange Rate Regimes and Economic Growth in Emerging Markets. In Revisiting the Case for Flexible Exchange Rates, 2001.

[9] Balázs égert, Imed Drine, Kirsten Lommatzsch and Christophe Rault. The Balassa-Samuelson Effect in Central and Eastern Europe: Myth or Reality? William Davidson Working Paper Number 483, July 2002.

[10] Baron, D. P.. Fluctuating Exchange Rates and the Pricing of Exports [J]. Economic Inquiry 14, 1976 (3).

[11] Baxter, Marianne, Alan Strockman. Business Cycle and the Exchange Rate Regime: Some International Evidence [J]. Journal of Monetary Economics, 1989 (3).

[12] Bela Balassa. The Purchasing-Power Parity Doctrine: A Reappraisal [J]. Journal of Political Economy 72, 1964 (6).

[13] Bilson John F. O. The Choice of An Invoice Currency in International Transactions. In: Bhandari, J., Putnam, B. (Eds.), Economic Interdependence and Flexible Exchange Rates. MIT Press, Cambridge, MA, 1983.

[14] Bollerslev, T.. Generalized Autoregressive Conditional Heteroskedasticity [J]. Journal of Econometrics, 1986 (31).

[15] Bourguinat H., La Concurrence des Monnaies Véhiculaires: Vers le Polycentrisme Monétaire, in Croissance, Échange et Monnaie en Économie Internationale, Mélanges en l'Honneur de J. Weiller, Economica, Paris, 1985.

[16] Canzoneri, M. B., R. E. Cumby, and Behzad Diba. Rel-

ative Labor Productivity and the Real Exchange Rate in the Long Run: Evidence for a Panel of OECD Countries [J]. Journal of International Economics, 1999 (47).

[17] Cédric Tille. How Valuable is Exchange Rate Flexibility? Optimal Monetary Policy under Sectoral Shocks. Federal Reserve Bank of New York Staff Report 147. 2002.

[18] Chinn, M. & J. Frankel. Will the Euro Eventually Surpass the Dollar as Leading International Reserve Currency? NBER Working Papers 11510, 2005.

[19] Chinn, Menzie. The Usual Suspects Productivity and Demand Shocks and Asia-Pacific Real Exchange Rates. NBER Working Paper, No. 6108, July 1997.

[20] Cipolla, C. M. Money, Prices, and Civilization in the Mediterranean World, Fifth to Seventeenth Century [M]. New York: Gordian Press, 1967.

[21] Clark, P. B.. Uncertainty, Exchange Risk, and the Level of International Trade [J]. Western Economic Journal 11, 1973 (3).

[22] Cohen, B. J. The Future of Sterling as an International Currency [M]. London, Basing-stoke: Macmillan, 1971.

[23] Cornell, B. The Denomination of Foreign Trade Contracts Once Again [J]. Journal of Financial and Quantitative Analysis, 1980 (15).

[24] Deane, P., Habakkuk H. J. , The Take-Off in Britain, Paper Submitted to the September 1960 Meeting of the International Economic Association at Constance., 1960.

[25] Ding, Z., Granger, C. W. J., Engle, R. F.. A Long Memory Property of Stock Market Returns and a New Model [J]. Journal of Empirical Finance, 1993 (1).

[26] Donnenfeld, Shabtai, and Alfred Haug (2003). Currency Invoicing in International Trade: an Empirical Investigation. Review of International Economics 11 (2).

[27] Edison, H. and J. T. Klovan. A Quantitative Reassessment of the Purchasing Power Parity Hypothesis: Evidence from Norway and the United Kingdom [J]. Journal of Applied Econometrics, 1987 (2).

[28] Ehsan U. Choudhri and Mohsin S. Khan. Real Exchange Rates In Developing Countries: Are Balassa-Samuelson Effects Present? IMF Working Paper WP/04/188, October 2004.

[29] Elena Andreou, Eric Ghysels. Detecting Multiple Breaks in Financial Market Volatility Dynamics [J]. Journal of Applied Econometrics, 2002 (17).

[30] Engel, Charles. Accounting for US Real Exchange Rate Changes [J]. Journal of Political Economy, 1999 (107).

[31] Engle, R. F.. Autoregressive Conditional Heteroscedasticity with Estimates of the Variance of United Kingdom Inflation [J]. Econometrica, 1982 (50).

[32] Ethier, W.. International Trade and the Forward Exchange Market [J]. American Economic Review 63, 1973 (3).

[33] Fischer Stanley. Exchange Rate Regime: Is the Bipolar View Correct? Distinguished Lecture on Economics in Government, Delivered at the AEA Meeting in New Orleans on January 6, 2001.

[34] Fred Hirsch, Ilse Higgins. An Indicator of Effective Exchange Rates [J]. Staff Papers - International Monetary Fund 17, 1970 (3).

[35] Friberg, Richard (1998). In Which Currency Should Exporters Set Their Prices? Journal of International Economics, 45: 59-

76.

[36] Froot, K. and K. Rogoff. Government Consumption and the Real Exchange Rate: The Empirical Evidence, Mimeo, Harvard Business School. 1991.

[37] Froot, K. and K. Rogoff. The EMS, The EMU, and the Transition to a Common Currency. In: S. Fisher and O. Blanchard, eds.. NBER Macroeconomics Annual, MIT Press, 1991.

[38] Fukuda, Shin-ichi and Masanori Ono. On the Determinants of Exporters' Currency Pricing: History vs. Expectations [J]. Journal of the Japanese and International Economies, 2006 (4).

[39] George S. Tavlas. The International Use of the US Dollar: An Optimum Currency Area Perspective [J]. Blackwell Publishers Ltd 1997.

[40] Gerald P. Dwyer Jr. & James R. Lothian. International Money and Common Currencies in Historical Perspective [J]. Federal Reserve Bank of Atlanta, Working Paper 2002-7, June 2002.

[41] Ghosh Atish R., Gulde Anne-Marie, Wolf Holger C. Does the Nominal Exchange Rate Regime Matter? NBER working paper NO. 5874, 1997.

[42] Glosten L., R. Jagannathan and D. Runkle. On the Relation between the Expected Value and the Volatility on the Nominal Excess Returns on Stocks [J]. Journal of Finance, 1993 (48).

[43] Grier, K. B., Smallwood, A. D., 2007. Uncertainty and export performance: evidence from 18 countries.

[44] Hartmann, Philipp. The Currency of Deno mination of World Trade after European Monetary Union [J]. Journal of the Japanese and International Economics, 1998 (12).

[45] Hartmann, Phillip. Currency Competition and Foreign Ex-

change Markets: The Dollar, the Yen and the Euro. Cambridge University Press, 1998.

[46] Hsieh, D.. The Determination of the Real Exchange Rate: The Productivity Approach [J]. Journal of International Economics, 1982 (12).

[47] International Monetary Fund. Annual Report on Exchange Arrangements and Exchange Restrictions 2012 [R]. October 2012.

[48] J. A. S. Grenville. A History of the World in the Twentieth Century [M]. Cambridge: Belknap Press of Harvard University Press, 1994.

[49] James R. Lothian, Mark P. Taylor. Real Exchange Rates Over the Past Two Centuries: How Important is the Harrod-Balassa-Samuelson Effect? Warwick Economic Research Papers No. 768, October 21, 2006.

[50] Jeannine Bailliu, Robert Lafrance, and Jean-Fran? ois Perrault. Does Exchange Rate Policy Matter for Growth? Bank of Canada Working Paper 2002-17, June 2002.

[51] Jenny Ligthart, Jorge A. da Silva. Currency Invoicing in International Trade: a Panel Approach. Tilburg University Working Paper No. 2007-25, February 2007.

[52] K. Doroodian. Does Exchange Rate Volatility Deter International Trade in Developing Countries? [J]. Journal of Asian Economics, 1999 (10).

[53] Kenen, P. B. The Role of the Dollar as an International Currency. Occasional Papers, NO. 13, Group of Thirty, New York, 1983.

[54] Kenneth A. Froot and Kenneth Rogoff. Perspectives on PPP and Long-run Real Exchange Rates. NBER Working Paper Se-

ries No. 4952, December 1994.

[55] Lall, Sanjaya. The Technological Structure and Performance of Developing Country Manufactured Exports, 1985-98 [J]. Oxford Development Studies, Vol. 28, 200 (3).

[56] Lane, Philip R., and Gian Maria Milesi-Ferretti. External Wealth, the Trade Balance, and the Real Exchange Rate [J]. European Economic Review, 2002 (46).

[57] László Halpern and Charles Wyplosz. Economic Transformation and Real Exchange Rates in the 2000s: the Balassa-Samuelson Connection. UNITED NATIONS ECONOMIC COMMISSION FOR EUROPE, DISCUSSION PAPER SERIES No. 2001.1, September 2001.

[58] Levy Yeyati, Eduardo, Federico Sturzenegger. Deeds vs Words: Classifying Exchange Rate Regimes. Mimeo, Universidad Torcuato Di Tella, 2000.

[59] Levy-Yeyati, Eduardo i Sturzenegger, Federico (2001) To Float or to Trail: Evidence on the Impact of Exchange Rate Regimes.

[60] Linda S. Goldberg, Cédric Tille. Vehicle Currency Use in International Trade [J]. Journal of International Economics, 2008 (2).

[61] Magee, S. P. Currency Contracts, Pass-Through and Devaluation. Brookings Papers on Economic Activity, 1973.

[62] Magee, S. P., and R. K. S. Rao. Vehicle and Non-vehicle Currencies in International Trade [J]. American Economic Review, 1980 (70).

[63] Marston, R.. Real Exchange Rates and Productivity Growth in the United States and Japan. NBER Working Paper No.

1922, May 1986.

[64] Mckinnon Ronald. Money in International Exchange: the Convertible Currency System [M]. London: Oxford University Press, 1979.

[65] Menzie Chinn, Jeffrey Frankel. The Euro May Over the Next 15 Years Surpass the Dollaras Leading International Currency. NBER Working Paper No. 13909, April 2008.

[66] MichaeDevereux, Charles Engel, Storegaard. Endogenous Exchange Rate Pass-Through When Nominal Prices Are Set in Advance [J]. Journal of International Economics, 2004 (2).

[67] Nelson D B. Conditional Heteroskedasticty in Asset Returns: a New Approach [J] Econometrica, 1991 (59).

[68] Patricia S. Pollard. The Creation of the Euro and the Role of the Dollar in International Markets [J]. The Federal Bank of S. T. Louis, 2001 (9-10).

[69] Paul A. Samuelson. Theoretical Notes on Trade Problems [J]. The Review of Economics and Statistics 46, 1964 (2).

[70] Paul Krugman. Vehicle Currencies and the Structure of International Exchange [J]. Journal of Money, Credit and Banking, 1980 (12).

[71] Paul Krugman. Prcing to Market with the Exchange Rate Changes. NBER Woring Paper Series NO. 1926, May 1986.

[72] Rhomberg, R. R. The Once and Future SDR? In Michael Mussa, James M. Boughton, Peter Isard eds., the Future of the SDR [M]. Washington D. C: International Monetary Fund, 1996.

[73] Ricardo Faria and Miguel León – Ledesma. Testing the Balassa-Samuelson Effect: Implications for Growth and PPP. September 2000.

[74] Richard Friberg, Fredrik Wilander. The Currency Denomination of Exports: A Questionnaire Study [J]. Journal of International Economics, 2008 (1).

[75] Richard Friberg. In Which Currency Should Exporters Set Their Prices? [J]. Journal of International Economics, 1998 (1).

[76] Ronald I. McKinnon. The Rules of the Game: International Money in Historical Perspective [J]. Journal of Economic Literature, Vol. 31, No. 1, Mar., 1993.

[77] S. Odano, MN Lan. Intermediate Imports, Imperfect Competition and Sensitivity to Currency Value Fluctuations of Vietnam [J]. 2005, Shiga University Working Paper NO. 355.

[78] Schott, Peter K. The Relative Sophistication of Chinese Exports. NBER Working Paper No. 12173, 2006.

[79] Stephen J. Taylor. Modelling Financial Time Series (first edition) [M]. Chichester: Wiley, New York, 1986.

[80] Stephen P. Magee. Currency Contracts, Pass-Through, and Devaluation [J]. Brookings Papers on Economic Activity, 1973 (1).

[81] Sven Grassman. A Fundamental Symmetry in International Payments Pattern [J]. Journal of International Economics, 1973 (3).

[82] Swoboda, A. K. The Euro-Dollar Market: An Interpretation. Essays in International Finance 181, Princeton University, Princeton, 1968.

[83] T. O. Lloyd. Empire, Welfare State, Europe: English History 1906~1992 [M]. Oxford: Oxford University Press, 1993.

[84] Takatoshi Ito, Peter Isard, and Steven Symansky. Economic Growth and Real Exchange Rate: An Overview of the Balassa-

Samuelson Hypothesis in Asia. University of Chicago Press, pp. 109-132, January 1999.

[85] Thorbecke, W., Smith, G., 2010. How Would An Appreciation of the RMB and Other East Asian Currencies Affect China's Exports? Review of International Economics 18 (1).

[86] Thursby, M. C. & Thursby, J. G. Bilateral Trade Ows, the Linder Hypothesis, and Exchange Risk [J]. Review of Economics and Statistics, 1987 (69).

[87] Tony Makin and Alex Robson. Comparing Capital- and Trade-weighted Measures of Australia's Effective Exchange Rate [J]. Pacific Economic Review 4, 1999 (2).

[88] Wei, S. -J., 1999. Currency Hedging and Goods Trade. European Economic Review 43 (7).

[89] Whitman, Marina V. N. The Current and Future Role of the Dollar: How Much Symmetry? Brookings Papers on Economic Activity, Economic Studies Program, the Brookings Institution, 1974 (5).

[90] Wood, Adrian. Global Trends in Real Exchange Rates, 1960—1984 [J]. World Development, 1991 (4).

[91] Zakoian J.. Threshold Heteroskedastic Models [J]. Journal of Economic Dynamics and Control, 1994 (18).

[92] S. A. B. Page. Currency of Invoicing in Merchandise Trade [J]. National Institute Economic Review, August 1977 (81): 77-81.

[93] Marius Van Nieuwkerk. The Covering of Exchange Risks in the Netherlands' Foreign Trade: A Note [J]. Journal of International Economics, Volume 9, 1979 (1): 89-93.

[94] Stephen Carse, John Williamson and Geoffrey E. Wood.

The Financing Procedures of British Foreign Trade [M]. Cambridge University Press, 1980.

[95] S. A. B. Page. The Choice of Invoicing Currency in Merchandise Trade [J]. National Institute Economic Review, Vol. 98, 1981 (1): 60-72.

[96] BSP Magee, RKS Rao. Vehicle and Nonvehicle Currencies in International Trade [J]. American Economic Review, Vol. 70, 1980, pp368-373.

[97] Ronald McKinnon, Gunther Schnabl. China's Exchange Rate and Financial Repression: The Conflicted Emergence of the RMB as An International Currency [J]. China & World Economy, Volume 22, Issue 3, 2014, pp: 1-35.

[98] Richard Friberg, Fredrik Wilander. Price Setting Transactions and the Role of Denominating Currency in FX Markets [R]. veriges Riksbank, Jan. 2007.

[99] Linda S. Goldberg, Cédric Tille. Micro, Macro, and Strategic Forces in International Trade Invoicing. Federal Reserve Bank of New York Staff Reports N0. 405, November 2009.

[100] Daniel Gersten Reiss. Invoice Currency in Brazil. MPRA Paper No. 59412, October 2014.

[101] Daniel Gersten Reiss. Invoice Currency: Puzzling Evidence and New Questions from Brazil. the Banco Central do Brasil Working Paper, March 2015.

[102] Lardy, M., Douglass, P. Capital Account Liberalization and the Role of the Renminbi [R]. Peterson Institute for International Economics, Working Paper NO. 11-6, 2011.

附　錄

附錄 A　20 個試點地區前 15 大對外貿易夥伴所占份額

	2004	2005	2006	2007	2008	2009	2010	2011	2012	平均值
北京	58.62%	59.41%	46.65%	44.49%	38.30%	35.63%	60.11%	60.87%	55.59%	51.07%
天津	90.23%	87.43%	86.16%	85.03%	82.03%	76.88%	80.74%	83.71%	81.87%	83.79%
內蒙古	66.25%	67.40%	72.66%	76.08%	77.73%	80.05%	78.75%	84.02%	79.06%	75.78%
遼寧	83.26%	80.75%	78.69%	77.43%	75.75%	72.56%	74.97%	73.01%	71.73%	76.46%
吉林	----	----	86.49%	80.41%	87.93%	86.64%	83.43%	85.74%	87.95%	85.51%
黑龍江	91.67%	90.01%	88.91%	87.21%	85.53%	80.24%	77.82%	86.80%	87.65%	86.21%
上海	82.33%	81.48%	81.28%	80.00%	77.31%	77.16%	78.45%	77.38%	76.94%	79.15%
江蘇	89.34%	88.72%	88.54%	87.02%	87.06%	86.47%	86.09%	85.69%	84.10%	87.00%
浙江	----	77.02%	75.58%	74.81%	73.02%	71.66%	71.22%	70.47%	69.77%	72.95%
福建	80.21%	81.07%	80.58%	79.89%	78.14%	76.61%	75.14%	71.26%	67.66%	76.73%
山東	88.18%	87.43%	85.97%	83.95%	82.28%	81.24%	86.65%	79.53%	78.45%	83.74%
湖北	----	----	82.21%	79.28%	78.22%	74.80%	74.49%	72.68%	68.93%	75.80%
廣東	80.19%	81.38%	81.44%	79.79%	80.11%	80.02%	78.93%	77.59%	77.82%	79.70%
廣西	84.93%	82.81%	80.36%	78.39%	74.57%	75.98%	78.28%	77.03%	75.76%	78.68%
海南	84.66%	85.11%	87.83%	82.42%	86.01%	88.73%	86.06%	84.09%	85.89%	85.64%
重慶	82.79%	81.12%	77.90%	76.92%	75.04%	76.52%	74.46%	71.48%	75.20%	76.83%
四川	81.71%	80.89%	79.07%	77.47%	80.09%	72.17%	77.85%	84.26%	80.06%	79.28%
雲南	82.05%	84.01%	83.07%	79.79%	73.41%	79.14%	69.08%	77.08%	80.25%	78.65%

表(續)

	2004	2005	2006	2007	2008	2009	2010	2011	2012	平均值
西藏	93.59%	——	——	——	——	——	73.66%	85.48%	61.14%	78.47%
新疆	94.88%	95.91%	96.70%	96.73%	97.51%	95.86%	97.01%	95.41%	89.22%	95.47%
平均值	83.23%	81.88%	81.06%	79.32%	78.42%	77.28%	78.16%	79.18%	76.75%	79.35%

註：①北京和內蒙古的貿易夥伴是出口貿易夥伴，歐盟成員國只包括義大利、英國、法國、德國、荷蘭、比利時；

②上海的歐盟貿易夥伴只包括德國、法國、英國、荷蘭、義大利、瑞典、比利時；

③浙江只包含10個貿易夥伴的份額；

④湖北包含13個貿易夥伴；

⑤西藏2004年包含7個貿易夥伴；西藏2010年為前三個季度的統計數據，包含3個貿易夥伴；2011年為第一季度的統計數據，包含4個貿易夥伴；2012年包含3個貿易夥伴；

⑥海南的貿易夥伴為出口貿易夥伴；2007、2008、2009年分別包含9、11、9個貿易夥伴。

數據來源：西藏2004年數據來源於李國平，賈敏.西藏對外貿易發展狀況及其問題研究[J].西安交通大學學報：社會科學版，2006（7）：41；其餘年份數據來源於拉薩海關網站；四川省2004—2008年數據來源於相應年份四川省統計年鑒、2009—2013數據來源於四川省商務廳網站；其他省市數據來源於各省市相應年份的統計年鑒、統計公報和海關網站。

附錄 B 2004—2012 年各地區人民幣實際有效匯率指數

	2004	2005	2006	2007	2008	2009	2010	2011	2012
北京	100	100.7	102.3	104.3	106.3	107.1	111.8	113.4	115.2
天津	100	99.8	101.4	103.5	114.0	120.3	111.3	114.5	118.6
內蒙古	100	101.0	107.0	109.4	118.9	149.3	135.8	148.3	174.8
遼寧	100	101.4	103.4	104.0	112.9	114.3	110.4	111.9	114.9
吉林	100	102.1	104.9	109.2	122.1	124.5	117.8	124.2	126.1
黑龍江	100	102.8	100.3	99.7	108.2	129.1	115.1	115.8	127.2
上海	100	101.0	102.9	105.7	112.2	115.6	110.6	112.3	114.7
江蘇	100	101.4	104.0	106.8	116.4	121.1	114.3	116.9	120.4
浙江	100	102.4	104.2	106.9	116.1	119.5	113.5	116.0	117.8
福建	100	101.8	105.1	106.3	116.1	119.4	113.4	115.3	116.1
山東	100	94.6	95.4	100.8	112.7	115.7	114.9	116.6	117.7
湖北	100	101.5	105.0	108.8	117.2	121.0	116.1	118.5	120.9
廣東	100	101.4	104.0	106.8	114.3	120.5	114.2	115.7	119.8
廣西	100	102.5	106.3	107.0	120.1	125.9	126.2	135.4	136.3
海南	100	103.7	106.6	108.5	116.0	123.3	117.8	118.3	127.6
重慶	100	103.6	104.1	107.1	116.1	119.9	113.3	117.7	119.6
四川	100	103.0	105.4	106.7	117.2	121.5	115.5	119.7	124.7
雲南	100	105.4	107.5	109.1	117.6	123.5	117.8	123.9	217.8
新疆	100	111.7	128.0	123.6	136.5	146.7	161.7	179.0	177.5

註：①歐盟視為單獨貿易夥伴，歐元為計算各地區人民幣 REERI 的籃子貨幣；

②古巴、朝鮮數據難以獲取，由於兩國只在個別地區的少數年份進入前 15 大貿易夥伴，且所佔份額不大，故將其從貿易夥伴中略去，不對結果產生實質性影響；

③由於西藏相關數據嚴重缺失，無法計算其實際匯率指數，故將其從樣本

地區中剔除；

④雲南 2012 年及其之後實際匯率指數急遽上升，是因為緬甸 2012 年 4 月 1 日開始啓動匯率改革，改變自 1977 年以來 1 美元兌 6~8.5 緬幣的官方匯率，實行管理浮動匯率制，當天 1 美元買入價格為 800 緬幣，賣出價格為 820 緬幣。

附錄 C　貿易商品按技術含量分類標準

技術含量等級	包含的 SITC 三位數分類商品
PP	001，011，022，025，034，036，041，042，043，044，045，054，057，071，072，074，075，081，091，121，211，212，222，223，232，244，245，246，261，263，268，271，273，274，277，278，291，292，322，333，341，681，682，683，684，685，686，687
RB1	012，014，023，024，035，037，046，047，048，056，058，061，062，073，098，111，112，122，233，247，248，251，264，265，269，423，424，431，621，625，628，633，634，635，641
RB2	281，282，286，287，288，289，323，334，335，411，511，514，515，516，522，523，531，532，551，592，661，662，663，664，667，688，689
LT1	611，612，613，651，652，654，655，656，657，658，659，831，842，843，844，845，846，847，848，851
LT2	642，665，666，673，674，675，676，677，679，691，692，693，694，695，696，697，699，821，893，894，895，897，898，899
MT1	781，782，783，784，785
MT2	266，267，512，513，533，553，554，562，572，582，583，584，585，591，598，653，671，672，678，786，791，882
MT3	711，713，714，721，722，723，724，725，726，727，728，736，737，741，742，743，744，745，749，762，763，772，773，775，793，812，872，873，884，885，951

表(續)

技術含量等級	包含的 SITC 三位數分類商品
HT1	716, 718, 751, 752, 759, 761, 764, 771, 774, 776, 778
HT2	524, 541, 712, 792, 871, 874, 881

資料來源：楊汝岱，朱詩娥. 中國對外貿易結構與競爭力研究：1978—2006 [J]. 財貿經濟，2008（2）.

後 記

　　本書在國內外學者研究成果基礎上，較為系統地論證了人民幣匯率變動對跨境貿易人民幣結算有何影響這一問題，主要得到五點研究結論和啟示：

　　第一，一種貨幣的國際結算功能與其匯率變動具有緊密聯繫，中國應提高對這種聯繫的關注度。

　　從縱向比較上看，除了20世紀90年代初中國與邊境國家簽訂本幣結算協議之外，其他每個階段的跨境貿易人民幣結算都與匯率有著密切聯繫，幾乎構成中國制定跨境貿易人民幣結算政策的直接原因。從橫向比較上看，一種貨幣的對外價格穩定性、所處國際地位、匯率形成機制等均會對該貨幣的國際結算功能產生影響。匯率作為開放經濟的重要價格調節變量，對跨境貿易人民幣的影響不容忽視；反過來，跨境貿易人民幣結算又會對中國貨幣政策產生諸多影響，進而導致中國匯率產生波動。隨著人民幣匯率不斷走向市場化，影響人民幣匯率的因素日趨多元和複雜，中國應提高對匯率變動的關注度，以更好推動人民幣發揮國際結算功能。

第二，當前中國跨境貿易人民幣結算政策並未取得預期效果，其中人民幣匯率長期單邊升值、中國對外貿易結構不合理是重要原因。

2008年國際金融危機背景下中國政府推行跨境貿易人民幣結算政策的中短期目標是幫助中國企業規避匯率波動風險、促進貿易投資便利化。本書實證分析了中國外貿企業面臨匯率風險的時變性、集簇性和不對稱性，進一步論證了跨境貿易人民幣結算政策的急迫性和合理性；通過測算跨境貿易人民幣結算試點地區的人民幣實際有效匯率指數，實證檢驗各地區匯率波動對貿易流量的影響方向和程度，但是，實證檢驗的結果有些出人意料：各地區人民幣實際匯率波動顯著抑制了對外貿易流量的增長，出於規避匯率波動風險的跨境貿易人民幣結算政策理應對各地區進出口貿易流量有顯著促進作用，然而事實卻相反。

第三，跨境貿易人民幣結算需求主要是市場的真實需求，具有可持續性；套利投機需求也對跨境貿易人民幣結算起一定推動作用，但不是關鍵性因素。

本書實證檢驗了人民幣實際匯率具備B-S效應。中國在實現經濟追趕過程中帶動了人民幣實際匯率升值，也極大提高了人民幣的境外持有需求，這種需求是真實的、長期的、可持續的，正是因為如此，跨境貿易人民幣結算政策一經實行，就取得迅猛發展。與此同時，由於人民幣匯率在歷史上存在政策性低估，在逐漸矯正低估現象的過程中人民幣匯率長期處於單邊升值預期，這刺激了套利投機者對人民幣的持有需求，對跨境貿易人民幣結算起到推波助瀾的作用，但這種作用不是主流，無法對全局起關鍵性作用。

中國政府應該抓住對跨境貿易人民幣結算產生根本性作用的內在驅動力，繼續全面深化中國經濟改革，調整中國經濟結

構，穩定中國經濟發展，保證中國經濟基本面穩中有升，以穩定人民幣匯率，提高人民幣境外持有需求。同時，央行應出抬措施打破人民幣匯率單邊升值預期，推動人民幣匯率雙向波動，進一步建立CNH和CNY市場互聯互通機制，減少人民幣匯率投機套利空間，抑制跨境貿易人民幣結算虛假繁榮。

第四，當前中國對外貿易結構總體上不利於跨境貿易人民幣結算的深入發展，中國應著力於優化中國對外貿易結構、提高對外談判話語權。

從對外貿易商品結構上看，改革開放以來，中國出口商品結構的實際技術水平並無顯著提高，出口增長依然主要依靠勞動力要素報酬增值，出口商品對匯率高度敏感，這不利於中國出口企業在人民幣結算談判中獲得主動權；進口商品結構多以資源型和密集型產品為主，由於中國缺乏對重要大宗商品的定價權，美元在這些商品交易市場上已經形成慣性，這些因素也不利於中國進口貿易以人民幣結算。從貿易方式上看，一方面，中國加工貿易占比過高，匯率敏感性強，不利於中國加工貿易企業爭取以人民幣結算；另一方面，一般貿易的商品分類結構也使中國一般貿易企業在爭取以人民幣結算談判中處於不利地位。從對外貿易主體性質上看，外資企業占中國對外貿易額的一半以上，這有利於人民幣在跨境貿易中得到使用。總體而言，當前中國對外貿易結構不利於跨境貿易人民幣結算的深入發展。

第五，建立市場化的人民幣匯率製度，是跨境貿易人民幣結算健康發展的保障。

減少行政干預等市場擾動因素，增加匯率彈性是實現人民幣匯率長期穩定的關鍵。從長期來看，人民幣幣值在均衡水平上保持長期穩定，人民幣匯率打破升值預期才是最為理想的狀況，這有利於貿易便利和投資便利的實現，也有利於人民幣信譽和需求水平的實質性提高。市場化的人民幣幣值隨供求波動

最終會趨於均衡價位，人民幣幣值向該市場均衡價格靠攏或收斂，可緩衝資本流動的衝擊，促進跨境貿易和投資，緩解通脹預期，這也必然導致市場持有人民幣的願望更加強烈，推動跨境貿易人民幣結算健康發展。從長期來看，人民幣實現幣值穩定，達到均衡水平也是人民幣國際化的客觀要求。

自 1994 年 1 月以來，中國堅持按照自主性、可控性和漸進性原則，不斷推動人民幣匯率製度的市場化改革，改革成效有目共睹。然而，人民幣匯率形成過程中仍然存在過多行政干預力量，建立市場化人民幣匯率製度的任務依然艱鉅。中國央行應該提高貨幣政策獨立性，建立更為完善的人民幣匯率市場形成機制，為跨境貿易人民幣結算業務的健康發展提供製度保障。

當然，本書在論證過程中也存在不足之處。本書所涉及的計量經濟模型均以宏觀數據為樣本，但跨境貿易人民幣結算能否順利推行根本上取決於微觀經濟主體利益是否實現了最大化，因此應該建立微觀計量模型以得到更精確的研究結論。鑒於微觀企業數據難以獲取，進行調研獲取一手數據所需經費高、耗時長，暫時無法建立微觀計量模型對相關問題進行更為精確的驗證，這是筆者下一步將要深入展開的研究工作。

國家圖書館出版品預行編目(CIP)資料

人民幣匯率對跨境貿易人民幣結算的影響研究 / 楊碧琴 著. -- 第一版.
-- 臺北市：崧燁文化，2018.08
　面 ；　公分
ISBN 978-957-681-424-2(平裝)
1.人民幣 2.匯率變動
563.292　　　107012233

書　名：人民幣匯率對跨境貿易人民幣結算的影響研究
作　者：楊碧琴 著
發行人：黃振庭
出版者：崧燁文化事業有限公司
發行者：崧燁文化事業有限公司
E-mail：sonbookservice@gmail.com
粉絲頁　　　　　　網　址：
地　址：台北市中正區重慶南路一段六十一號八樓815室
8F.-815, No.61, Sec. 1, Chongqing S. Rd., Zhongzheng
Dist., Taipei City 100, Taiwan (R.O.C.)
電　話：(02)2370-3310　傳　真：(02) 2370-3210
總經銷：紅螞蟻圖書有限公司
地　址：台北市內湖區舊宗路二段121巷19號
電　話：02-2795-3656　傳真：02-2795-4100　網址：
印　刷：京峯彩色印刷有限公司（京峰數位）

　　本書版權為西南財經大學出版社所有授權崧博出版事業股份有限公司獨家發行電子書繁體字版。若有其他相關權利需授權請與西南財經大學出版社聯繫，經本公司授權後方得行使相關權利。

定價：350 元
發行日期：2018 年 8 月第一版
◎ 本書以POD印製發行